KB066879

오버추어, 클릭초이스의 키워드광고, 배너광고, 바이럴마케팅

네이버, 구글에도 없는
인터넷광고마케팅을 컨설팅하라

오버추어, 클릭초이스의 키워드광고, 배너광고, 바이럴마케팅

네이버, 구글에도 없는
인터넷광고마케팅을 컨설팅하라

1쇄 발행   2011년 5월 30일
5쇄 발행   2015년 8월 10일

지은이   오세종
발행인   권윤삼
발행처   도서출판 연암사

등록번호   제10-2339호
주소   121-826 서울시 마포구 월드컵로 165-4
전화   02-3142-7594
팩스   02-3142-9784

ISBN 978-89-86938-87-6 03320

값은 뒤표지에 있습니다. 잘못된 책은 바꾸어드립니다.

연암사의 책은 독자가 만듭니다.
독자 여러분들의 소중한 의견을 기다립니다.
트위터 @yeonamsa
이메일 yeonamsa@gmail.com

이 도서의 국립중앙도서관 출판시도서목록(CIP)은 e-CIP 홈페이지
(http://www.nl.go.kr/cip.php)에서 이용하실 수 있습니다.
(CIP제어번호: CIP2011001787)

인터넷광고마케팅

오버추어, 클릭초이스의 키워드광고, 배너광고, 바이럴마케팅

네이버, 구글에도 없는
인터넷광고마케팅을 컨설팅하라

오세종 지음

연암사

차례 ▼

이 책은 수많은 광고주의 성공과 실패를 지켜보면서 온라인광고 컨설팅을 통해 쌓아온 현장의 살아 있는 노하우가 고스란히 담겨 있다. 점점 더 복잡해지고 치열해지는 온라인광고 시장에서 마지막으로 살아 남는 자가 되고 싶다면 이 책을 필독하길 권한다.

— 심도섭, NHN Search Marketing 검색마케팅센터장

죽은 광고는 이제 그만, 살아있는 인터넷광고의 종결자!
인터넷광고로 부자가 되고 싶은 분에게 이 책을 권하고 싶다.

— 최종근, ㈜제이앤씨 대표이사

그 동안 온갖 고생을 몸소 겪은 저자는 쉽고 유용한 온라인광고의 친절한 멘토가 되고자 발 벗고 나섰다.

— 류경선, 한국슬로시티클럽 회장

온라인광고는 기업의 생존과도 직결되는 중요한 커뮤니케이션이다. 소비자와 정보의 공유는 기업에서 가장 중요한 핵심이 될 것이다. 보다 쉽게 이해를 할 수 있어서 꼭 추천하고 싶다.

— 김창환, ㈜코코마파 대표이사

NHN과 Overture의 결별로 대한민국의 검색광고 판도가 바뀐 시점에서 실무와 이론을 적절히 배합하여 대한민국 온라인광고의 최신 트렌드를 반영한 최초의 책이라 할 수 있다. 온라인광고에 입문하는 사람이나 현재 온라인광고 관련 실무를 하고 있지만 기본기를 다잡고 싶은 사람, 끝으로 온라인광고를 마케팅 수단으로 활용하고 있는 대한민국의 모든 광고주에게 이 책을 추천한다.

– 임성준, NHN Business Platform SA센터 대행사영업팀장

막연하고 애매하게만 생각되었던 온라인광고를 효과 측정과 분석을 통해 생생하고 통쾌하게 짚어주는 책이다. 바로 이런 책을 기다려왔다.

– 박수진, Pfizer Animal Health Korea 마케팅 사업부 부장

인터넷쇼핑몰 창업을 준비하면서 이 책은 나무보다는 숲을 보게 했고, 자신감도 불어넣어 주었다. 특히 이론에만 치우치지 않고 현장감이 살아있어서 많은 도움이 됐다. 주먹구구식 광고를 원하지 않는다면 필독하라.

– 신윤정, 하레야 삼호악세사리 대표

여행을 준비할 때, 인터넷광고를 피하기는 쉽지 않다!

– 장준수, 라이프콤파스 대표이사

"All roads lead to Rome."

"All On-line AD lead to Naver."

모든 길은 로마로 통한다. 그러나 온라인광고는 네이버로 통한다.

국내의 온라인광고는 네이버 점유율을 따라 잡을 수 없다. 세계적인 포털 사이트인 구글과 야후도 한국에서만은 힘을 쓰지 못한다. 그렇다면 외국기업인 루이비통, 샤넬, SKⅡ, 유니클로, 에르메스, 애플, 마이크로소프트, 구글, Oracle, GE, IBM, Johnson & Johnson 등이 국내에서 마케팅을 할 때 통과해야 하는 관문은 바로 네이버다. 네이버의 문을 열 수 있는 열쇠를 이 책을 통하여 여러분에게 선물할 것이다.

지금까지의 인터넷광고책이 이론에만 치우쳤다면 이 책은 실무자를 위한 것이다.

인터넷 역사가 짧은 우리나라에서 생생한 인터넷광고 경험을 통해 살아있는 정보와 실무자의 목소리를 이야기한 것은 이 책이 처음이다. 따라서 무작정 따라하면 인터넷광고를 컨설팅할 수 있도록 심혈을 기울였다.

온라인광고 매체는 검색광고, 배너광고, 바이럴마케팅, 온라인 제휴마케팅, 보도자료 등 매체를 활용하여 컨설팅하고 있다. 하지만 온라인광고는 광고 효과측정 및 분석이 가능하다는 점에서 오프라인광고와 차별된다. 특히, 검색광고 소비자의 재방문과 경로 방법, 경로형태, 이용 시간대, 이용지역 등 다 방면으로 측정이 가능하다. 이렇게 측정된 자료를 활용하여 온라인광고를 컨설팅할 수 있다.

4억소녀, 연매출 300억의 20대 사장 쇼핑몰, 쇼핑몰 CEO란 단어는 언론에서 쉽게 찾아볼 수 있다. 그래서 '나도 쇼핑몰을 운영하면 대박나겠지'라는 생각으로 시작하지만, 본전도 못 찾고, 망하는 업체가 속출하고 있다. 통계적으로 10개 중 9개가 생존하지 못하는 게 현 실정이다.

그렇다고 온라인광고만 잘한다고 해서 성공할 수 있는 것은 아니다. 무엇보다 중요한 것은 바로 제품이기 때문이다. 의류쇼핑몰은 의류, 병원은 의료기술, 학원은 교육시스템이 바로 생명이다. 온라인광고는 본질적인 콘텐츠가 좋을 때 날개를 달아주는 역할을 할 뿐이다. '코만 성형하면 예뻐지겠지' 라는 생각에 수술을 시도하지만, 실제로는 코만 두드러지는 것과 같다.

이 책은 "나도 인터넷광고마케팅 컨설팅을 흉내낼 수 있다."로 시작하였다.

NHN포털 네이버은 벤처로 시작하여 창립 10주년 만에 분당에 신사옥 '그린팩토리' 지식을 생산하는 녹색공장를 세웠다. 그만큼 국내 인터넷시장은 짧은 시간에 많은 것을 가능하게 만들었다. 인터넷광고 마케팅 또한 짧은 역사 속에 성장하고 발전을 거듭했다. 이제는 100년 기업을 희망하며, 좋은 인재를 발굴하고, 교육에 힘을 쏟아야 할 시점이다. 이 책이 인재 발굴에 기여하는 밑거름이 되기를 희망한다.

배움에는 국경이 없다. 따라서 이 책이 온라인광고마케팅 컨설팅이라는 전문 분야의 화두가 되어 다양한 회사가 새로운 활로를 개척하는 데 기여할 수 있기를 바란다. 또한 독자 중에는 시대의 흐름에 편승하여 성공의 지름길로 인도하는 인터넷광고마케팅을 제대로 활용하여 상상 그 이상의 성공을 거두는 이들도 등장할 것이다. 무한한 상상력으로 무장된 이들에게 더없이 좋은 안내서가 될 것으로 믿는다.

광고하기 좋은날,
지적 호기심이 강한 메모광
오세종

인터넷광고 시장

Chapter 1

1조원
인터넷광고 시장 현황

세계 온라인포털 시장의
규모 및 전망

    미국 화장품 회사에서 국내 마케팅을 담당하는 일본인 구루미에게 전화가 왔다.

    "오 팀장님, 이번에 신상품을 한국에서 론칭합니다. 지금까지는 TV, 버스, 옥외광고 등에 주력했는데 인터넷광고를 진행하려고 합니다. 프레젠테이션 부탁드립니다."

    "인터넷광고를 해보신 적이 있나요?"

    "아니요. 처음입니다. 세계 인터넷광고 시장의 흐름부터 광고매체에 대해 말씀해주시면 되겠습니다."

    "그래요. 몇 분 정도 참석하세요?"

    "브랜드 담당자가 두 명씩 참석할 예정입니다. 간단하게 인터넷광고의 흐름과 광고 진행의 필요성을 알려주시면 됩니다. 저희가 새로운 것을 배운다고 생각하시고 강의해주시면 됩니다. 그리고 인터넷광고가 한국에서 필요한지 고위층이 알아야 진행이 가능합니다. 왜 인터넷광고를 해야 하는지 그 필요성도 말씀해주세요."

전화를 받은 후 강연 내용을 꼼꼼하게 준비해서 그 회사를 방문했다. 외국 화장품 기업이라 깔끔하고 세련된 분위기에 여성들이 많았다. 백화점에서 본 다양한 제품이 전시되어 눈길을 끌었다. 대부분이 제품들이었다.

1차 미팅이 시작되었다. 화장품 브랜드마다 담당자들이 1~2명씩 참석하다 보니 6명이 넘었다. 인원이 많아서 부담이 되었지만, 설명을 시작했다.

"세계 온라인 포털 시장에서 광고 수익이 증가하고 있습니다. JP 모건, IAB, PWC, 2008 ㈜스트라베이스를 재구성하여 흐름을 말씀드리겠습니다. 미주권미국과 캐나다은 2013년 474억 8,700만 달러로 성장한다고 합니다. SNS 사업, 스마트폰 보급 확산으로 모바일 인터넷 이용 기회의 증가를 가져올 것으로 판단됩니다. 유럽권영국, 독일, 프랑스은 2013년 457억 700만 달러 성장을 전망하고 있습니다. 유럽국가들은 인터넷 검색보다는 자국의 신문사나 지역 사업자를 통한 광고 비중이 높다고 합니다. 일본은 2013년 91억 9,600만 달러까지 성장한다고 추측하고 있습니다. 검색광고를 중심으로 한 인터넷광고 매출은 지속적인 성장세를 유지하고 있습니다. 중국은 2013년 52억 4,200만 달러로 전망합니다. 중국 통신전문 시장조사기관인 Analysis International의 발표에 따르면,

2008년 2/4분기 기준 중국의 검색엔진 시장점유율 Baidu가 63% 1위, 구글이 26%, 야후가 8%입니다. iResearch에 따르면, 중국의 브랜드 광고시장의 매출비중이 검색 광고시장보다 더 큽니다. 그러나 2011년 검색 광고시장 규모가 빠르게 성장하여 브랜드 광고시장 규모를 능가할 것으로 바라보고 있습니다."

중년의 한 여성 담당자가 흥미로운 표정으로 질문을 했다.

"오 팀장님, 이미 세계는 인터넷광고를 진행해서 효과를 얻고 있는 상황입니다. 저희가 인터넷광고를 한국에서 시작하는 것이 늦지는 않았나요? 효과가 있을까요?"

"늦지 않습니다. TV광고를 진행하면서 크로스미디어를 하면 됩니다. TV광고가 나가기 전에 CF 및 광고 콘셉트에 맞는 검색광고, 배너광고, 바이럴마케팅을 미리 진행하는 것입니다. 1차적으로 TV광고를 보고, 2차적으로 인터넷을 찾게 됩니다. 그때 저희 제품을 각인시켜 구매까지 이끌어내는 것입니다."

"다양한 인터넷광고를 집행하면 좋겠지만, 예산 때문에 걱정입니다. 최소의 비용으로 최대의 효과를 낼 수 있는 방법은 무엇인가요?"

"최대의 효과를 낼 수 있는 것은 검색광고입니다. 한국에서는 크게 3개로 나눠집니다. 네이버의 클릭초이스, 야후의 오버추어, 구글의 애드워즈이지요. 네이버의 클릭초이스는 포털 네이버에만 노출됩니다. 바로 파워링크, 비즈사이트, 플러스링크에 노출되는 것이죠. 야후의 오버추어는 야후, 다음, 파란, 네이트의 상단에 있는 스폰서 링크에 노출됩니다. 구글의 애드워즈는 제휴된 사이트

네이버, 구글에도 없는 인터넷광고마케팅을 컨설팅하라

에 노출되지요. 서로 장단점이 있어서 한국 점유율이 큰 네이버를 중심으로 3개_{네이버, 야후, 구글}의 광고를 다 진행해야 합니다."

휴식 시간에 회의를 한 후 담당자가 말했다.

"오 팀장님, 인터넷광고의 필요성을 깨달았습니다. 따라서 저희 회사는 인터넷광고를 진행하기로 결정했습니다. 그런데 구체적으로 어떻게 진행해야 하는지, 얼마의 예산이 필요한지 경쟁업체의 광고현황 정보를 가지고 2차 미팅을 하겠습니다. 최고 담당자가 미국인이라 영어 프레젠테이션이 필요합니다."

"알겠습니다. 영어 프레젠테이션이라니 흥미롭군요. 감사합니다."

2차 미팅은 여러 광고 회사와 영어로 경쟁 프레젠테이션을 진행했지만, 좋은 결과로 이어졌다. 요즘은 온라인광고_{검색광고, 배너광고}가 중심이 되어 오프라인광고를 기획하고 있다.

(단위 : 백만 달러)

구분	2006	2007	2008	2009	2010	2011	2012	2013	08–13 CAGR
전세계	35,734	46,843	58,809	70,733	82,324	93,461	103,958	116,188	14.6%
미주권	17,819	22,344	26,782	31,255	35,427	39,199	42,671	47,487	12.1%
유럽권	11,922	16,365	20,999	25,865	30,972	36,116	41,000	45,707	16.8%
일본	3,081	3,735	4,965	6,026	6,790	7,469	8,064	9,196	13.1%
아태권	1,911	2,736	3,539	4,259	5,003	5,726	6,450	7,245	15.4%
중국	722	1,247	1,969	2,626	3,282	3,938	4,595	5,242	21.6%
남미권	279	416	555	702	850	1,013	1,178	1,311	18.8%

〈 온라인포털 시장의 권역별 규모 및 성장 추이 〉

출처 : JP Morgan, IAB, PWC, 2008 ㈜스트라베이스 재구성

네이버, 구글에도 없는 인터넷광고마케팅을 컨설팅하라

(단위 : 백만 달러)

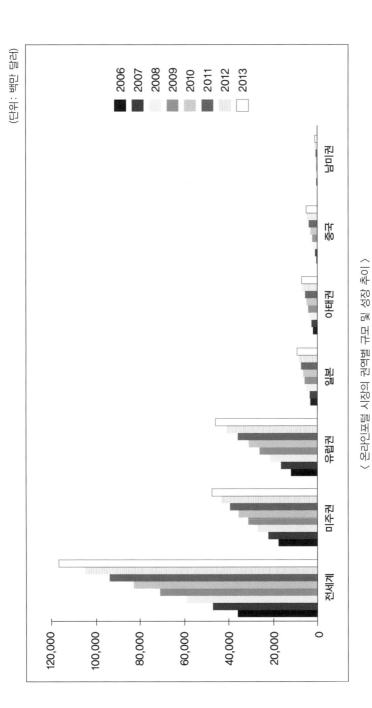

〈 온라인포털 시장의 권역별 규모 및 성장 추이 〉

출처 : JP Morgan, IAB, PWC, 2008 (㈜스트라베이스 재구성

1조원 인터넷광고 시장 현황

17

매체 광고시장 현황

뉴미디어 매체 광고의 성장

2010년은 IPTV나 스마트폰의 보급률이 증가함에 따라 뉴미디어를 활용한 광고에 관심이 쏟아졌다. 또한 TV나 라디오 등의 전통적인 매체가 아닌 새로운 매체에 대한 관심이 폭발적으로 증가한 해이기도 했다.

광고 산업의 경제성장이 주춤했던 2009년에도 온라인광고 시장은 다른 매체와 다르게 꾸준히 성장했다. 저렴한 비용에 원하는 타깃에게 효과적인 광고를 할 수 있는 온라인광고의 장점이 경제가 좋지 않았음에도 꾸준한 인기를 얻은 이유였다.

배너광고, 검색광고 외에도 다양한 방법의 광고들이 등장했는

네이버, 구글에도 없는 인터넷광고마케팅을 컨설팅하라

데 그중 블로그를 통한 광고시장은 큰 폭으로 성장했다. 1인이 미디어 역할을 해줌으로써 일방적인 상품 정보 제공을 넘어서 고객과 커뮤니케이션하는 형태로 발전하고 있다.

국내 연도별 광고비 추이

아래의 자료를 살펴보면 TV나 신문의 광고비는 감소하는 반면, 인터넷광고비용은 급상승하고 있다. 그러나 잡지와 라디오는 큰 차이를 보이지 않고 있다. 인터넷의 보급 및 확산으로 온라인광고 비용이 더욱 더 상승할 것으로 보인다.

인터넷광고가 차지하는 비중이 급상승하고 있다. 이는 여러 매체 중에서 인터넷의 힘이 커져가고 있음을 방증한다. 앞으로는 TV 시장도 넘어설 수 있으라 예상된다.

2011년 미국의 비영리 여론조사기관인 퓨리서치센터가 성인 3006명을 대상으로 전화 설문을 한 결과 미국인들의 뉴스 소비량은 신문을 추월했다. 한국도 TV 매체 다음으로 인터넷이 자리잡게 될 것이다. 스마트폰 사용자가 늘어나면서 무선인터넷 사용이 증가하고 있다.

2011년 2월 제일기획에 따르면 전체 광고비는 8조4501억 원을 기록했다. 그 중에서 인터넷 광고비는 1조5470억 원으로 측정되었다.

구분	매체	광고비	성장률(%)		구성비(%)	
		2010년	2010년	2009년	2010년	2009년
4매체	TV	19,307	15.5	-12	22.8	23
	RADIO	2,565	15	-19.5	3	3.1
	신문	16,438	9.5	-9.5	19.5	20.7
	잡지	4,889	11.4	-8.7	5.8	6
	4매체 계	43,199	12.7	-11.2	51.1	52.8
인터넷	검색	10,440	26.5	10	12.4	11.4
	노출형	5,030	20.3	-5	6	5.8
	인터넷 계	15,470	24.5	4.5	18.3	17.1
CAbleTV		9,649	23.8	-94	11.4	10.7
뉴미디어	IPTV	205	79.8	115.1	0.2	0.2
	스카이라이프	153	61.1	0	0.2	0.1
	DMB	271	53.4	54.4	0.3	0.2
	뉴미디어 계	629	63.1	47	0.7	0.5
옥외		7,494	19.9	-2.3	8.9	8.6
4매체 광고제작 및 기타		8,061	9.4	-3.8	9.5	10.2
총계		84,501	16.5	-6.9	100	100

〈 2010년 매체별 총 광고비와 성장률 〉

출처 : 2011. 2. 14 이데일리, 제일기획, 매체별 총 광고비와 성장률

네이버, 구글에도 없는 인터넷광고마케팅을 컨설팅하라

온라인광고 시장 현황

    화장품 회사의 마케팅 담당자로 일하는 구루미가 온라인광고 시장이 알고 싶어서 전화를 했다.

    "오 팀장님, 인터넷광고 기획안을 작성하고 있는데요. 온라인광고 시장 현황이 어떻게 되는지 알고 싶어요."

    "미국 시장을 알면 한국 시장을 예측할 수 있습니다. Lehman Brothers (2008.4), Internet Data book에 따르면 미국의 온라인 광고 매체별 광고 비중 추이도 한국과 동일하다고 합니다. 2009년 인터넷광고가 케이블 TV, 라디오 등을 제치고 광고비 비중 3위로 부상하며 가장 급상승하고 있는 매체로 손꼽히고 있어요. 전체 미디어 중 인터넷광고비 비중이 9.8%를 차지하며 TV, 신문은

하강하고 잡지, 라디오는 매년 비슷한 점유율을 나타내고 있습니다."

"한국의 인터넷광고는 어떻게 이루어지나요?"

"인터넷광고는 어느 매체를 통해 광고를 하느냐가 관건입니다. 외국의 포털인 구글이나 야후와 다르게 한국은 네이버, 다음, 네이트가 90% 이상의 점유율을 차지하고 있습니다. 만약 매체를 선택했다면, 매체에 맞는 검색광고 시장과 배너광고 시장을 보아야 합니다."

"전체 광고비 중에서 인터넷광고비가 차지하는 비중은 어떻게 되나요?"

"2010년 검색광고Search Advertising와 배너광고Display Advertising를 합치면 약 1조 5,835억 원 정도가 됩니다. 물론, 점점 증가 추세에 있습니다. 검색광고와 배너광고 이외에 소셜미디어광고Social Media Advertising, 게임 내 광고In-Game Advertising, 어플광고Advertising Apps and Games, 비디오광고Video Advertising, 모바일광고Mobile Advertising 등도 있습니다."

"오 팀장님, 검색광고와 배너광고는 지금이 최선입니까? 확실한가요?"

"물론이죠."

네이버, 구글에도 없는 인터넷광고마케팅을 컨설팅하라

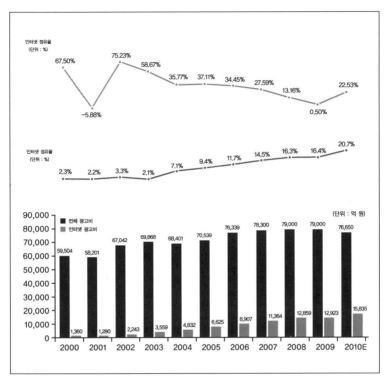

〈 인터넷광고량 〉

출처 : 전체광고량_제일기획(2010년까지) / 인터넷광고량_IMCK

Top 10 Online Advertising Trends Of The Decade

http://www.sramanamitra.com/2011/01/11/top-10-online-advertising-trends-of-the-decade/

해석판 http://blog.naver.com/adlaon?Redirect=Log&logNo=10101884949

1조원 인터넷광고 시장 현황

4강

인터넷 산업의
트렌드

2011년의 IT 트렌드 중심은 모바일, 소셜네트워크 서비스sns, 코드기호 마케팅을 활용한다는 것이다. 한국정보화진흥원nia의 '2011 IT 트렌드 전망 및 정책방향' 보고에 따르면 2011년에는 스마트폰 이용자 1,000만 명 시대가 열릴 것으로 추측하고 있다. 스마트폰은 PC와 같은 컴퓨터 지원 기능을 제공하는 휴대전화를 말한다. 사용자는 자신이 원하는 애플리케이션Application, 응용프로그램, 이 하 줄여서 '앱'을 다운받을 수 있다.

앱은 사용자 또는 어떤 경우에는 다른 응용프로그램에게 특정한 기능을 직접 수행하도록 설계된 프로그램이다.

대표적인 앱스토어는 아래와 같다.

① 아이폰의 앱 스토어 http://www.apple.com/kr/iphone/
apps-for-iphone/은 애플이 운영한다. 애플사의 아이폰, 아
이패드, 아이팟 등에서만 사용이 가능하며, 가장 애플리케이
션이 많다.

② 안드로이드 마켓 http://market.android.com/은 구글이 운
영한다. 개방형과 공개형 운영체제가 가능한 안드로이드는
여러 마켓에서 사용이 가능하다.

③ 티스토어는 SK텔레콤이 운영한다. 삼성앱과 엘지앱스는 티
스토어에 숍인숍shop in shop 방식으로 오픈하였다.

그리고 소셜네트워크 서비스sns의 광고시장이다. 미국의 시장조
사기관인 이마케터www.emarketer.com는 '전 세계 SNS 광고시장 전망'
에서 트위터, 페이스북 등의 해외 진출로 급성장할 것으로 내다
봤다. 미국 전체 온라인광고 285억 달러 중 소셜네트워크 광고시
장 규모는 올해 30억8000만 달러로 10.8%를 차지하며, 지속적으
로 상승한다고 분석하였다. 소셜네트워크 서비스의 대표 주자에
는 트위터와 페이스북이 있다. 트위터는 유저들과의 관계를 지속
적으로 유지하면서 가치를 제공하며 가장 빠른 피드백으로 효과
를 바로 알 수가 있다.

트위터의 마케팅 사례를 살펴보자

① **대한한공** http://twitter.com/koreanair_seoul

항공기 출발–도착정보, 비행기 지연, 여행정보 등을 실시간으로 전달한다. 고객의 소중한 의견을 처리하는 통로로 운영 중이다.

② **스타벅스** http://twitter.com/Starbucks/

　　　　　http:// twitter.com/StarbucksKorea

메뉴의 변경, 사은품 증정 등 고객에게 바로 응답하는 방식이다. 바리스타가 직접 올리기도 한다. 국내 스타벅스는 친환경 매장으로 홍보하고 있다.

③ **영화 부당거래** http://twitter.com/DirectorRyu

영화 김종욱 찾기 http://twitter.com/Mr_Hankijun

스마트폰 어플리케이션 개발업체 '디크루' 사는 영화 속 '사기 콘셉트'를 살린 가짜 류승완 감독으로 트위터 마케팅을 했다. 그러자 가짜 류승완 감독 팬클럽이 생길 정도로 활기찼다. 영화 김종욱 찾기는 '첫사랑을 찾아준다'는 한 소장 주도의 트위터 마케팅을 실시했다. 모두 영화 예매율 1위를 차지하며, 좋은 반응을 얻었다.

④ **오세종 어록 노트** http://www.twitter.com/OhSeJong

작가 이외수는 자신의 글을 실시간으로 트위터로 작성하면서 글을 모아서 책을 쓰기도 했다.

　네이버, 구글에도 없는 인터넷광고마케팅을 컨설팅하라

트위터 마케팅 Tip

① 거미집처럼 네트워크하라

Tim O' Reilly의 연구결과에 따르면 인터넷 사업은 '참여-공유-개방Participation-Sharing-Openness'이라는 공통적인 특성을 보이고 있다. 함께 공유하여 참여시켜라.

② 반사Reflection신경처럼 즉각적인 피드백Feedback을 하라

실시간 상담처럼 바로 답변을 달아줘야 한다.

③ 보답으로 선물을 증정하라

관심을 갖고 노력한 이들에게 선물을 하라.

소셜네트워크 서비스로 인터넷 쇼핑몰 비즈니스 모델이 변화하고 있다. 대표적인 주자가 소셜커머스Social Commerce다. 소셜커머스는 판매를 증가시키는 목적으로 소셜네트워크 서비스를 활용하는 것을 말한다. '공동구매' 또는 '소셜쇼핑' 정도로 이해할 수 있다. 소셜커머스 회사는 자정부터 자사 홈페이지에 쿠폰할인 업체를 공고한다. 그 후 트위터, 페이스북, 블로그, 이메일 등을 통해 고객들에게 쿠폰할인 업체를 알리며, 소비자는 스마트폰 어플리케이션을 통해 구매하게 된다.

이제는 스마트폰 보급으로 온라인과 오프라인의 경계가 허물어지고 있다. 바로 소비자로 전달되면서 기업은 기회와 위협 요인에 함께 노출되고 있다. 따라서 소비자 맞춤 전략이 필요하다.

소셜커머스Social Commerce의 마케팅 사례를 알아보자

그루폰이라는 공동구매형 소셜커머스가 성공을 거두면서 국내에서는 티켓몬스터, 위메이크프라이스닷컴, 쿠팡, 데일리픽 등이 생겼다. 공연, 레스토랑, 미용, 스포츠, 식품 등 다양하게 진행되고 있다.

소셜커머스Social Commerce 마케팅 Tip

① 우리업체가 수용할 수 있는가?

최대 이용 가능한 인원이나 반값 할인으로 마진이 남는지 확인해야 한다. 고객이 많이 찾아온다고 해서 잘된다고 생각하면 오산이다.

② 예약으로 고객 관리하기

쿠폰 구매가 완료되면 특정 기간에 고객이 몰리는 경우가 많다. 하지만 각각의 고객에게는 동일한 서비스를 전달해야 한다. 신뢰를 높이려고 마음먹었다면 사전예약을 받아 진행하도록 하자.

③ 진행한 업체 사례 찾아보기

사전에 진행한 비슷한 업체, 업종을 분석하자. 왜 실패했는지, 지금은 잘되고 있는지, 마진은 있는지, 브랜드 이미지가 손상되었는지 등을 체크해야 한다.

④ **비수기 때를 이용하라**

성수기보다 비수기 때, 신규 업체보다 조직이 체계적으로 갖
춰졌을 때 이용하라.

⑤ **고객의 불만사항을 즉각 피드백하라**

소비자 입장에서 보면, 부족한 서비스를 받는 경우가 많다.
따라서 소비자 피해 예방 및 보호를 위한 제도가 필요하다.
'소비자분쟁해결기준'에 소셜커머스가 적용되지 않는다는
문제점은 있다.

마지막으로 코드기호 마케팅 중에서 QR코드Quick Response Code활
용이 있다.

대표적인 2차원 코드 기호로는 QR코드일본, MS 스마트 태그미국,
컬러집한국이 있다. 서로 장단점은 있지만, 보급이 많이 되고 활용
이 뛰어난 QR코드에 대해 알아보자.

QR코드는 가로나 세로 양방향으로 여러 정보를 표현할 수 있는
2차원형식의 코드다. 일차원 바코드가 진화한 이차원 바코드로
어느 방향에서나 인식이 가능하다. 1994년 일본 덴소웨이브사가
개발했다. 일본은 이미 활성화가 되어 간판, 모바일쿠폰, 점포정
보, 상품, 관광정보로 활용되고 있다. 스마트폰으로 쉽게 인식하
여 개인적인 정보활용 도구로 사용되며, 마케팅 효과 측정이 가능
하다. QR코드를 스캔한 횟수, 날짜, 시간 등의 정보를 수집할 수
있다.

QR코드Quick Response Code의 마케팅 사례를 알아보자

스마트폰 확산으로 의류, 병원, 공공기관, 도서, 가전제품, 식품, 청접장, 명함까지 QR코드를 사용하고 있다.

빈폴 액세서리는 빈폴의 알리샤 라인 백의 자세한 정보와 프로모션을 알리는 작업을 했다. 디자인QR에서 실제 이미지를 적용한 사례라 할 수 있다.

또한, 서울대병원, 연세대 세브란스병원 등에서 QR코드를 이용중이다. 의사 정보, 질병의 검사 종류와 방법 등을 확인할 수 있다. 환자와 의료진의 원활한 의사소통을 가능하게 해주었다.

QR코드 마케팅으로 재미 보는 기업들	
활용 분야	**활용 기업**
유통업계	현대백화점 - 쿠폰북 QR코드 서비스 실시
	홈플러스 - 패션브랜드 QR코드 행사 통해 사은품 및 할인혜택 제공
온 · 오프라인 연계	삼성전자 - 인쇄광고와 TV광고 및 동영상 연동
	GS샵 - 카탈로그에 삽입된 QR코드를 스캔하면 온라인상의 상품 평으로 연결
	어반스페이스 - 트위터와 연동해 제품을 추천할 수 있음
타깃 마케팅	신라면세점 - 일본인 고객 대상으로 모바일사이트 서비스 제공
	바이엘코리아 - 의사 대상으로 심혈관 질환 위험도 측정 서비스 제공
	미래에셋자산운용 - 일부 펀드가입 고객을 대상으로 동영상 서비스 제공
마케팅 효과 측정	신라면세점·어반스페이스 - 매체별·프로모션별로 QR코드를 달리해 마케팅 효과 분석(예정)

출처 : 'QR코드 적용 분야 마케팅' 매경이코노미 제1589호, 2011. 1. 12일자

네이버, 구글에도 없는 인터넷광고마케팅을 컨설팅하라

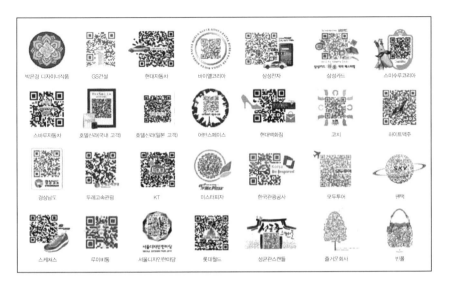

〈 독창적인 QR코드 사례 〉

출처 : 'QR코드 적용 분야 마케팅' 매경이코노미 제1589호, 2011. 1. 12일자

QR코드 마케팅 Tip

개인 QR코드를 만들어서 실생활에 활용하자.

포털에서 개인 QR코드를 생성하여 특색 있는 나만의 명함, 이색 청첩장, 블로그 프로필 등으로 표현하자. 네이버 검색창에 "네이버QR코드"를 검색하면 된다.

★ 포털에서 QR코드를 무료로 만들어보자

네이버 모바일(개인코드생성, 네이버 어플 다운)
http://mobile.naver.com/home/index.nhn

다음 모바일(개인코드생성, 다음 어플 다운) http://code.daum.net/web/

왜 인터넷 검색광고를
주목하는가?

2011년 2월 제일기획 보고서에 따르면 인터넷광고비는 1조 5470억 원으로 측정되었다. 인터넷광고비 중 67.5%는 검색광고이며 노출형 광고는 2009년보다 20.3% 성장한 5030억 원으로 집계되었다. 검색광고 시장이 점점 커지고 있다.

키워드 검색광고는 포털사이트네이버, 다음, 야후, 네이트 등에서 특정 키워드를 검색했을 때, 검색 결과 화면에 광고주의 사이트가 노출되는 것이다. 광고가 불특정 다수에게 노출되는 것이 아니라, 정확한 타깃팅으로 광고주가 선택한 키워드만 노출된다.

검색엔진을 통해 정보를 얻는 이용자가 늘어나면서 점점 더 중요해지고 있는 것이 키워드광고다. 관심 속에서 검색한 결과를 바탕으로 구매로 이어지는 비율이 높은 편이다. 예산에 맞게 광고 조절이 가능하다는 장점이 있다.

한국인터넷진흥원의 인터넷 이용실태 조사에 따르면, 인터넷을 이용하는 이유는 1위87%가 자료 및 정보획득, 2위는 게임, 음악을 이용한 여가활동, 3위는 이메일, 메신저를 통한 커뮤니케이션, 4위는 인터넷 구매 및 판매 순인 것으로 나타났다.

제품이나 서비스 정보를 검색엔진에 노출해야 하는 이유가 명확해진다. 소비자는 참을성이 없어서 검색결과의 상위에 노출된 정보를 입수하고 나면 대부분 인터넷 검색을 그만 둔다는 연구결과가 있다. 인터넷 검색 이용자 62%가 첫페이지만 확인하고 원하는 정보가 없으면 검색한 키워드나 검색엔진을 변경하는 것이다. 또한 검색결과 최상단에 노출되는 기업이 업계 최고의 브랜드라고 생각하고 있다.

2011년 네이버의 상단은 파워링크, 다음, 야후, 파란, 네이트의 상단은 오버추어의 스폰서 링크로 구성되어 있다. 그러나 포털 상단에 위치한 광고만이 살 길은 아니다. 포털의 상단이 아랫부분에 위치한 것보다 점유율이 높다는 의미일 뿐이다. 광고문구를 차별화한다면 저비용으로 광고효과를 충분히 낼 수 있다.

이제 포털의 위치에 따라 어느 정도의 클릭 점유율이 나타나는지 알아보자.

네이버, 야후, MSN, 구글의 검색엔진별 시선추적eye tracking 결과
가 'F'의 형태로 클릭이 일어나고 있다. 다음의 검색 영역에 따른
검색 매출 구성비의 그림과 일치한다.

즉, 가장 왼쪽 상단이 최고이며, 아래로 내려갈수록 클릭은 저
조해진다. 또한 검색엔진 1페이지에 등록된 업체와 2페이지에 등
록된 업체간의 방문자 수는 평균 20배 이상의 차이를 보인다.

검색 영역에 따른 검색 매출 구성비도 아래로 내려 갈수록 떨어
진다.

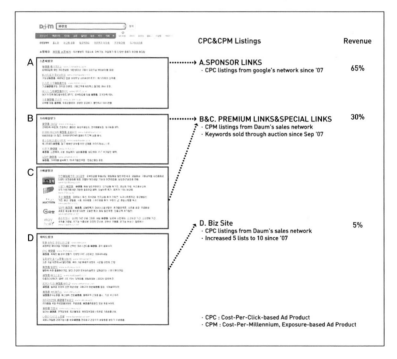

〈 검색 영역에 따른 검색 매출 구성비 〉

출처 : 다음 IR자료

네이버, 구글에도 없는 인터넷광고마케팅을 컨설팅하라

A에서 D로 갈수록 급격히 낮아지는 것을 볼 수 있다. 클릭률도 마찬가지로 밑으로 내려 갈수록 낮다.

	키워드 광고	기존 광고
매체 종류	오버추어, 네이버(클릭초이스), 구글	라디오, TV, 인쇄, 옥외광고
방식	Pull 방식	Push 방식
타깃	Target Marketing	Mass Marketing
스타일	Activer User	Passive Audience

〈 키워드광고 매체 VS 기존 광고 매체 〉

연간 오버추어 광고비용 추이와 쿼리Query는 검색서비스 이용자가 검색창에 특정 키워드를 입력한 후 그 결과를 확인하는 총 횟수를 알 수 있다.

검색광고를 주목할 수밖에 없는 이유는 키워드광고 매체가 기존 광고와 정확하게 차별화되어 있기 때문이다.

Keyword 오 팀장이 간다

끌리는 광고는 2%가 다르다(온라인/오프라인광고 차이)

오 팀장이 강남에 떴다. 이유는 새로 생긴 병원에서 광고 의뢰를 했기 때문이다. S원장이 반갑게 맞이해 주었다.

"오 팀장, 병원을 오픈할 예정이야! 광고 부탁하네. 광고를 어떻게 진행하면 좋을까?"

"음… 크게 온라인광고On-line Advertising와 오프라인광고Off-line Advertising가 있습니다. 온라인광고는 인터넷 검색광고Search Advertising 가 있으며, 오프라인광고는 전단지, 현수막, 버스, 전철 등으로 나눌 수 있습니다."

"그렇다면, 온라인광고와 오프라인광고 중 뭐가 더 좋을까?"

"짬자면이죠."

S원장은 어리둥절한 표정을 지으면서 말했다.

"뭐~?"

"자장면 집에서 짬뽕을 먹을까? 자장면을 먹을까? 고민하는 거죠. 결론은 짬자면을 드셔야 합니다. 두 가지 모두 중요하다는 뜻이죠. 함께 진행해야 시너지 효과를 볼 수 있어요. 둘 중 어느 것도 소홀히 할 수 없습니다. 온라인광고는 진행한 데이터를 분석할 수 있어요. 그러나 오프라인광고는 데이터를 분석할 수 없습니다."

S원장은 새롭다는 눈빛으로 물었다.

"무슨 데이터?"

"온라인광고는 검색광고나 인터넷 포털사이트를 통해 자사 홈페이지로 유입됩니다. 이때 어떤 키워드로, 몇 시에, 재방문 여부 등의 유입분석이 가능합니다."

P실장이 당당하게 거들었다.

"IP주소Internet Protocol Address로 측정할 수 있는 거죠?"

네이버, 구글에도 없는 인터넷광고마케팅을 컨설팅하라

"그렇죠. 인터넷에 연결된 모든 통신망과 그 통신망에 연결된 컴퓨터에 부여된 고유의 식별 주소지요. 쉽게 이야기하면, 개인 컴퓨터의 집주소라고 생각하시면 됩니다."

S원장이 고개를 끄덕이면서 말했다.

"오 팀장, 온라인광고를 맡아주게."

"예, 그럼 홈페이지는 완성 되었나요?"

"당연하지. 병원 브랜드도 좋고, 2,000만 원으로 광고를 진행합시다."

"원장님, 죄송합니다만 광고를 진행할 수 없습니다. 이유는 광고효과를 보기 위해서는 홈페이지 수정을 먼저하고 광고를 진행하셔야 합니다. 만약 순서가 어긋나면 손해를 많이 보게 됩니다."

S원장이 의아해하면서 물었다.

"홈페이지나 돈이 모두 준비되었는데 왜 안 돼요?"

"홈페이지는 병원의 얼굴이며, 집입니다. 집들이를 하는 것처럼 온라인광고를 통해서 환자들이 많이 들어오게 됩니다. 이때 홈페이지의 청결, 자료의 신뢰성, 의료진의 프로필, 상담후기, 수술전과 후의 상태를 보고 재방문이 안 될 확률이 높습니다. 광고비용은 비용대로 지출하고, 상담이나 수술은 저조하게 됩니다. 그래서 아직은 시기상조임에 틀림 없습니다."

심각한 표정이 된 S원장이 곰곰이 생각한 후에 말했다.

"전쟁 중에 장교가 "돌격~"이라고 외쳤으면 돌격해야지 대원들이 따라가지 않으면 모두 죽어요. 손해는 내가 감수하겠으니 바로 진행하죠?"

"그럼 원장님, 홈페이지 제작을 맡으신 분과 만났으면 합니다. 3

일 정도 홈페이지를 수정하고, 진행하는 것으로 하죠. 최대한 손실을 줄여야 하잖아요. 온라인광고뿐만 아니라 근처 지역에 현수막도 달아주세요. 현수막 시안은 네이버 녹색 검색창 안에 상호를 넣어주세요. 현수막 작업은 2일 내에 받을 수 있습니다. 그럼 온라인, 오프라인과 함께 진행하는 것으로 시너지 효과가 발생할 수 있습니다. 이렇게 시작하시죠."

"역시, 오 팀장이야. 바로 진행합시다."

이런 대략 난감한 상황은 주변에서 흔히 찾아볼 수 있다. 광고주가 손해를 책임진다고는 하지만 막상 광고 대비 효과가 떨어지면 대행사 책임으로 돌리기 일쑤다. 분명히 시기상조라고 이야기했지만 광고주는 결과만 놓고 판단하게 된다. 이럴 때는 광고를 진행하면서 가끔씩 상기 내용이 사실임을 확인시켜줘야 한다.

다행히 이번 케이스도 결과가 좋아서 의뢰한 병원의 환자방문이 증가하고 있다.

	인건비	대상 타깃	전국 광고노출	인쇄비용	예산 조정	광고 On/OFF
On-line Advertising	X	정확한 타깃	O	X	가능	실시간 가능
Off-line Advertising	O 1人=5만 원	무작위 타깃	X	O	어려움	어려움

〈 온라인광고와 오프라인광고 차이 〉

실전 인터넷광고

Chapter 2

실전 인터넷광고
매체 믹스와 특징

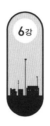

인터넷광고 매체
종류와 특징

나 무 를 보 지 말 고 숲 을 보 라

단일 광고매체만 진행하지 말고, 여러 매체의 특징을 파악한 후
에 광고전략을 세워라. 여러 광고 매체의 특징을 숙지하고, 귀사
의 브랜드를 컨설팅할 수 있는 능력을 키워야 한다.

인터넷 매체 중에서 키워드광고를 중심으로 다 매체 전략으로 계
획을 잡아야 한다. 회사의 브랜드를 각인시키는 방법에는 검색광
고, 배너광고, 리얼클릭, 바이럴마케팅, 보도자료뉴스PR 등이 있다.

TV, 신문, 인터넷광고를 진행하여 브랜드를 노출시켰다면, 2차
적인 행동으로 인터넷 검색과 모바일 인터넷 검색을 통해 브랜드
정보를 충족시켜줘야 한다.

네이버, 구글에도 없는 인터넷광고마케팅을 컨설팅하라

Media Mix	광고 영역(=노출 위치)	광고 형태
Naver	네이버의 파워링크(통합검색), 플러스링크, 비즈사이트, SE검색, 모바일검색 네이버 검색탭, 광고더보기, 지식쇼핑 내 스폰서 링크 영역 옥션 / G마켓 / 비비 / 롯데아이몰 내 스폰서 링크 영역 네이버 지식iN 페이지 하단 네이버 블로그(약 총12,786개) 페이지 내부	키워드광고
Overture	다음, 야후, 파란, 네이트, 싸이월드 등 최상단 스폰서 링크 위치 컨텐츠매치	
Google	제휴 파트너사 스폰서 링크 위치	
Realclick	언론사, 포털, 네이트, 싸이월드 성별, 연령에 따른 맞춤 매체선정 가능	텍스트광고, 이미지광고
Viral	네이버, 다음의 블로그, 카페, 지식iN 프로모션 및 캠페인	텍스트 +이미지
Banner	네이버, 다음, 언론사, 네이트온, 잡코리아 등 (타깃, 기간, 대상, 노출에 따라 변동 심함) 네이버, 다음 브랜드검색(자사의 브랜드 검색 시 노출)	이미지 동영상
Social Commerce	소셜네트워크 서비스(SNS)를 활용하는 전자상거래의 일종 원어데이 쇼핑몰로 일정 수 이상의 구매자가 모일 경우 50%이상까지도 할인해주는 판매 방식 ex) 티켓몬스터, 위메이크프라이스, 쿠팡, 원어데이 등	텍스트 +이미지
SNS Marketing	SNS(Social Networking Service)는 불특정 타인과 관계를 맺을 수 있는 서비스 ex) 트위터, 페이스북, 미투데이, 요즘, 싸이월드 등	텍스트 +이미지 +동영상
News PR	네이버, 야후, 다음 등 포털 및 언론사 부분 보도자료	뉴스기사광고

〈 인터넷광고 매체 종류와 특징(Media Mix) 〉

또한 전체적인 인터넷광고 매체를 볼 수 있는 능력과 적시적소에 사용할 수 있는 스킬이 필요하다. 매체와 상품의 혼용을 통해 최적의 비용 대비 효율ROI을 확보할 수 있는 매체 선별 능력 또한 필요하다.

2011.01.01 네이버가 오버추어와 검색광고 제휴 결별을 하게 되었다. 그 결과 네이버 상단의 스폰서 링크 5개가 없어지고, 네이버의 파워링크가 상단에 10개 노출되고 있다.

브랜드를 빠르게 인식시키는 배너광고

클릭률(CTR)을 높일 수 있는 배너광고 컨설팅 방법

디스플레이 광고인 배너광고는 영상광고와 문자 자막 기능을 이용한 쌍방향 커뮤니케이션 광고 기술이다. 디스플레이 배너광고는 보통 cpm으로 ipm노출수 기준으로 금액이 산정되는데 몇백만 cpm 노출 보장이라는 것은 본인의 광고 소재가 그 만큼 노출이 된다는 것을 보장한다는 의미다. cpm 2000원이라면 1천회 노출당 2000원, 즉 노출당 2원을 의미한다. 만약 광고비가 천만 원이라면 노출수가 500만회 보장된다는 뜻이다.

영화를 인터넷으로 광고할 경우 단기간 브랜딩을 위해 고정적으로 배너광고를 많이 진행하고 있다. 그 중에서 포털네이버, 다음, 파란, 네이트 등의 집행 비중이 90% 이상으로 포털 의존도가 매우 높다. 즉, 배너광고를 가장 많이 집행하는 곳이 영화시장, 게임, 모바일이다.

인터넷광고의 가장 큰 장점을 살려서 특정한 타깃에게 집중적으로 광고를 한다면 배너광고의 효율을 극대화할 수 있다.

나스미디어 컨퍼런스에서 발표한 김지호 교수의 〈노출에는 등급이 있다: 광고노출의 예측을 위한 Eye-tracking 활용 모형구축〉에 관한 다양한 실험을 통해 입증된 배너광고의 효과를 높이는 방법은 다음과 같다.

Eye-Tracking Methodology는 중심와fovea의 위치를 측정해 일정시간 이상 머문 곳을 확인하여 응시 시점을 체크하는 장치다. 참여자의 눈동자를 촬영하고 그 영상에 나타난 안구 위치 데이터와 컴퓨터 화면 내에서의 주의착점 간의 관계를 계산하여 해당 시점의 위치를 파악한다.

① 모델의 눈과 고객의 눈높이를 같게 하라
아이컨택으로 시선을 집중할 수 있도록 모델의 눈과 고객의 눈높이를 같게 하라.
② 크기가 큰 배너는 클릭률이 높다
무엇이든 크기가 클수록 클릭률이 높다.
③ 공짜와 경품은 고객을 춤을 추게 한다

네이버, 구글에도 없는 인터넷광고마케팅을 컨설팅하라

Free!, Gift 메시지가 노출될 때 클릭률이 10~35퍼센트 정
도 상승한다.

④ 밝은 색 배너의 클릭률이 높다

특히 Blue, Green, Yellow가 효과적이지만, White, Red,
Black은 효과가 떨어진다.

⑤ 섹시한 사람에게 집중한다

섹스어필sex-appeal 광고 노출 시 클릭률이 15퍼센트 정도 상승
한다고 한다. 연구결과 Click Here!여기를 누르세요나 Visit Now!지
금 방문하세요 등의 문구가 들어가면 효과적이라는 사실이 밝혀졌
다. 특히 이런 문구가 배너광고의 오른편에 위치할수록 좋다.

⑥ 의문형 배너의 클릭률이 높다

질문을 통해 궁금증을 증폭시켜 유입시킨다.

⑦ 노출빈도 조절과 교체 타이밍을 조절한다

평균 한 매체에 보름에 한 번은 배너의 소재 교체를 통해 클
릭률과 광고비 효율을 높일 수 있다.
정지된 사진보다 애니메이션과 플래시로 제작되면 클릭률은
더 높다.

⑧ 배너광고 아래 텍스트로 유도 메시지를 활용한다

배너 아랫부분에 클릭할 수 있도록 Text 링크를 따로 잡아두
는 것을 말한다.

⑨ 암호 같은 이미지나 축약적인 간결한 표현이 고객의 눈을 사
로 잡는다

⑩ 배너광고 게재 위치는 최대한 상단이 좋다

페이지가 로딩될 때 가장 먼저 보이는 배너가 가장 효과가 높은 것으로 나타났다. 또한 좀 더 효과적인 방법은 같은 배너를 페이지 내에서 맨 아래와 맨 위쪽에 위치시키는 것이다.

⑪ 배너의 용량을 줄여라

용량을 줄여서 즉각적으로 창이 뜰 수 있도록 하라. 초기 이탈률을 최소화할 수 있다.

검색광고만큼 디스플레이배너광고도 함께 성장하고 있다. 가격이 검색광고보다 비싸서 오픈기념, 프로모션, 이벤트, 대기업 이미지 홍보로 활용되고 있다.

배너광고에는 어떤 종류가 있는가?

브랜드 검색

브랜드 검색이란 자사 브랜드를 포털에서 검색할 때 이미지나 동영상을 노출시키는 광고를 말한다. 예를 들면, 포털 검색 창에 '삼성'이라고 입력하면 삼성에 관한 정보가 이미지와 동영상으로 노출된다. 동영상은 정지된 사진보다 비싸다. 그래서 저렴한 비용의 정지된 이미지로 보여지는 네이버 브랜드 검색Light 버전이 탄생하게 되었다.

브랜드 검색의 특징은 검색광고 계정에서 함께 관리할 수 있어서 더욱 편리해졌다는 점이다. 또 광고주가 직접 컨트롤할 수 있는 장점도 있다. 따라서 가장 활성화되고 있으며, 보급이 잘되고 있다. 지난 달의 조회수를 중심으로 큰 이미지와 작은 이미지 3개를 넣을 수 있는 브랜드 검색은 검색광고 노출영역인 파워링크보다 상단에 노출할 수 있다. 본사만 진행이 가능하며, 소재나 광고 문구는 진행 중에서도 변경이 가능하다.

진행 절차는 다음과 같다. 먼저 광고주 브랜드의 키워드 승인을 받는다. 승인 후에는 깐깐한 소재검수를 거쳐서 결제를 하면 진행된다. 여러 번의 소재검수를 거쳐야 하기 때문에 1주일 정도 소요된다. 기존의 배너광고는 위치나 기간 확보를 필수적으로 해야 하지만, 브랜드 검색은 그 회사만 사용할 수 있기 때문에 타사와 경쟁할 필요가 없다는 것이 큰 장점이다.

소셜미디어 배너광고

페이스북 광고는 페이스북 우측 열에 노출된다. $30,000 미만의 월간 광고 캠페인 예산으로 운영되고 있다. 직접 계정을 만들고, 인구통계적인 지역, 성별, 나이, 키워드, 직급, 직장, 대학교 기준으로 타깃을 설정한다. 최소 $0.01의 클릭당 지불CPC 또는 $0.02의 1,000회 노출당 지불CPM을 선택한다. 일일 예산을 설정할 수 있을 뿐만 아니라 광고효과를 보고서를 통해 한눈에 알 수 있다.

'소셜노출수' 라는 용어가 있다. 소셜노출수는 소셜 컨텍스트ex: 보고 있는 회원의 페이지, 이벤트, 앱과 연결한 친구에 대한 정보에 의해 회원의 광고가 표시된 횟수를 말한다.

Twitter 광고는 '프로모티드 트윗' 방식으로 크게 3가지가 있다. 팔로우 추천에 올리기, 실시간 트렌드에 올리기, 검색에서 상단에 노출하는 것이다.

네트워크 배너광고

일반적인 배너광고를 집행할 때는 집행 매체ex: 네이버, 다음, 네이트, 중앙일보, 조인스 등의 광고 위치를 각각 설정해야 하는 번거로움이 있었다. 그러나 네트워크 배너광고는 집행 매체 위치가 이미 언론사 계열로 정해져 있는 형태다. 언론사 중심으로 배너광고를 노출시키고자 할 때는 여러 언론사를 한번에 동시 노출할 수 있다. 배너소재인 이미지가 사이즈, 용량, 규격이 통일되어 있어서 쉽고 빠르게 제작할 수 있는 장점도 있다. 주로 신문기사를 통해서 브랜드를 어필하고자 하는 업종이 잘 맞는다. 병원, 프랜차이즈, 금융, 학원 등이 있다.

또한, 기존의 언론사를 통해 직접 배너광고를 진행할 때와 네트워크 배너광고를 진행할 때는 분명한 차이점이 있다. 기존 언론사만으로 진행할 때는 기사 문맥타깃이 되지 않았다. 그러나 네트워크 배너광고는 기사와 관련 문구를 찾아서 타깃에 맞는 부분에만 노출이 되는 방식이다.

	인터웍스 애드네트워크 배너광고	기존 언론사 사이트
광고 위치	기사면 상단 프리미엄 배너	메인+서브, 배너+텍스트 상단+하단
타겟팅 솔루션	문맥매칭 타깃팅 (관련 기사면 광고 게재)	N/A
캠페인 중 효과 제고 솔루션	매체최적화	N/A
평균 CTR	0.13%	0.06%
리치미디어	일반 리치미디어 및 동영상광고	제한적

〈 기존 언론사 광고 진행의 단점을 보완한 네트워크 배너광고 매체 〉

출처 : 인터웍스 미디어

오버추어의 스폰서 배너

오버추어코리아에서는 검색광고와 배너광고를 결합한 형식의 새로운 키워드광고 상품인 스폰서 배너를 진행 중이다.

스폰서 배너는 다양한 웹사이트의 배너광고 영역을 네트워킹하여, 한번 등록으로 여러 사이트에 노출시키는 디스플레이 애드네트워크 상품이다.

오버추어의 스폰서 배너가 맞는 광고주는 키워드광고의 CPC가 높은 광고주ex 학원, 유학, 꽃배달, 이사 등, 브랜딩을 어필하는 광고주ex 병원, 의류쇼핑몰 등, 이벤트, 프로모션을 집행하는 광고주ex 쇼핑몰 등의 임팩트 있는 캠페인 집행, 적은 검색량으로 인한 한계를 지닌 광고주ex 특산물, 지역관광지, 신제품 등가 적합하다.

네이버, 구글에도 없는 인터넷광고마케팅을 컨설팅하라

스폰서 배너광고	일반 배너광고
CPC(cost per click)	CPM(cost per mille)
발생한 클릭만 과금(CPC)	보장 노출량에 대한 확정 금액 지출
광고효과에 따른 노출량 변동	CPM : 1,000회 노출에 대한 광고 비용
캠페인 집행 중 언제라도 입찰가, 요일, 지역, 노출 시간 등의 설정 변경이 가능	배너 위치별 노출량 고정
쉽고, 단순한 이미지 컷 배너로 제작	캠페인 종료 시까지 초기 설정 변경 불가
여러 광고소재를 테스트하여 가장 성과 좋은 소재로 광고를 노출할 수 있다.	

〈 오버추어 스폰서 배너광고와 일반 배너광고의 차이점 〉

출처 : 오버추어

〈 오버추어 스폰서 배너 예시 〉

오버추어 스폰서 배너 성공사례

업체명 : ○○○수면센터

카테고리 : 병원

서비스 : 코골이 치료, 불면증 치료

전달 메시지 : 브랜드명(○○○수면센터), 치료명(코골이 치료, 불면증 치료 등)

브랜드명(업체명) 검색 증가율 57.1%

· 광고주 브랜드명(○○○수면센터, ○○○)에 대한 검색 횟수 증가
· 테스트 캠페인 집행 2주 전 평균 검색 횟수 대비 57. 1% 증가한 검색 횟수 기록

관련서비스 검색 증가율 89.6%

· 광고주 제공 서비스 관련 키워드(코골이, 불면증)에 대한 검색 횟수 증가
· 테스트 캠페인 집행 2주 전 평균 검색 횟수 대비 89.6% 증가한 검색 횟수 기록

스폰서 검색 노출량 증가율 46.0%

· 스폰서 검색 결과 리스트를 통한 광고주 리스팅의 노출 횟수 증가
· 캠페인 집행 2주전 평균 검색 결과 노출량 대비 46.0% 증가한 노출량 기록

업체명 : ○○○컴퓨터

카테고리 : 컴퓨터

서비스 : 컴퓨터 부품, 완제품

전달 메시지 : 브랜드명(○○○컴퓨터), 제공 제품(모니터, 제품이미지 등)

스폰서 배너 진행 후 홈페이지 폭발적인 홈페이지 유입량 증가

· 스폰서 배너광고 시작 이후 8배~2배 이상 홈페이지 유입량이 증가
· 스폰서 배너의 폭발적인 노출로 인한 배너광고의 힘

출처 : 오버추어 자료

요일	Imps	Clicks	광고 rate (%)	Revenue	평균eCPC
월	463,795	236	0.05	70,799	300
화	683,058	294	0.04	88,198	300
수	461,178	216	0.05	64,799	300
목	258,605	131	0.05	39,299	300
금	6,554	5	0.08	1,500	300
토	388,431	187	0.05	56,099	300
일	468,788	240	0.05	71,999	300

〈 실제 집행한 병원 사례 보고서 약식 〉

배너광고는 어느 매체에서 할 수 있는가?

배너광고는 포털사이트네이버, 야후, 다음, 파란, 네이트, MSN 등, 뉴스미디어인터넷 언론사, 종합쇼핑몰 및 오픈마켓, 트위터, 페이스북에서 이미지광고나 동영상광고를 진행할 수 있다.

그리고 네이버 브랜드 검색과 다음 브랜드 검색은 자사의 브랜드 검색 시 이미지 및 동영상으로 광고가 노출된다. 지난 달 조회수에 따라 광고가격이 달라지며, 1개월씩 진행된다.

네이버 애드캐스트로 진행한 배너광고 샘플을 확인할 수 있다.
http://adcast.naver.com
다음 디스플레이광고에서 진행한 배너광고를 확인할 수 있다.
http://display.biz.daum.net/

포털사이트

포털Portal이란 관문이나 정문, 입구라는 뜻으로 게이트웨이 구실을 하고 있으며 검색, 메일, 쇼핑, 뉴스, 커뮤니티 등 다양한 서비스를 제공한다.

네이버, 구글에도 없는 인터넷광고마케팅을 컨설팅하라

뉴스미디어

뉴스기사, 금융, 생활경제 등 다양한 콘텐츠를 제공한다.

쇼핑

오픈마켓 : G마켓, 옥션, 11번가 등 쇼핑몰

종합쇼핑몰 : Lotte.com, Gseshop, CJ mall 등

네이버, 구글에도 없는 인터넷광고마케팅을 컨설팅하라

배너광고는 어떤 형태로 보여지는가?

일반 배너광고 상품

광고의 형태에 따라 GIF단컷 배너와 Flsh애니메이션형로 구분한다.

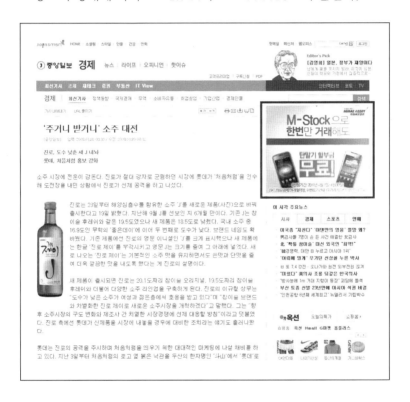

특수 배너 상품

사용자의 action마우스 오버, 드래그, 클릭에 따른 크리에이티브가 구현
되는 상품이다.

네이버, 구글에도 없는 인터넷광고마케팅을 컨설팅하라

배너광고 견적서 샘플 보는 법과 광고 소재 제작

배너는 매체 및 광고 대행사를 통해서 광고 콘셉트에 맞는 위치를 선정해야 한다. 또한 캠페인 의도 목적에 맞는 배너의 위치를 선정하고 예상 노출 수 및 단가도 확인해야 한다.

인기 있는 매체 및 광고 노출 위치는 업체마다 확보 경쟁이 치열하기 때문에 미리 예약하지 않으면 광고를 진행할 수 없다. 광고 계획을 세부적으로 잡아서 미리 광고 스케줄을 확보해야 한다.

인터넷 배너광고 핵심 용어

Budget(예산) : 광고 집행을 위한 금액

Impression(노출수) : 광고 노출 횟수, 매체의 특성 페이지가 열려 광고가 1번 노출되는 경우를 1 노출수라고 함

CPM(Cost Per Mill, Cost Per Thousand Impression)

· 1,000회의 광고 노출을 얻기 위해 소요되는 광고 비용을 의미함
· CPM = 1,000 × (Total Cost / Total Impression)

Click : 이용자가 광고 배너를 클릭(반응)한 횟수

CTR(Click Through Rate) = 클릭율 : 광고 Click / 광고 Impression의 백분율 값

CPC(Cost Per Click) : 광고 1회 클릭에 들어간 비용, CPC = 예산 / 광고 Clicks

배너광고 견적서 샘플(VAT 별도)

오세종 회사는 배너광고 비용 500만 원vat 별도으로 취업포털 사이트 메인과 채용정보 부분에 광고가 가능하다. 기간은 1주에서 2주정도 노출한다. 시장가격은 총 8백5만 원이지만, 5백만 원을 진

행할 때 서비스 노출수를 그 만큼 줄 수 있다는 것이다. 메인의 클릭률은 0.25%와 0.15%로 나타날 수 있다.

〈배너광고 견적서 샘플〉의 CTR은 전체 캠페인의 평균값으로 보장되는 수치가 아니다. 컨펌 후 매체의 상황에 따라_{지면 완판} 내역이 변경될 수 있다.

배너광고의 견적서 샘플을 해독했다면, 배너광고 위치 및 기간을 선정하여 예약을 한다. 위치가 좋은 곳은 사전예약이 필수라는 점을 기억하라. 최소 2주에서 한 달 전에는 예약을 끝내야 한다. 배너광고 예약은 빠르면 빠를수록 좋다. 모든 일이 그렇지만 특히 광고는 여유를 갖고 진행해야 한다. 다양한 변수가 많기 때문이다. 광고가 노출되는 기간의 1주일 전에는 모든 소재검수를 끝내고 대기하는 것이 좋다.

배너광고 위치와 기간이 확정되었다면 이제는 배너광고 소재제작을 해야 한다. 배너광고 소재제작은 어떤 콘셉트로 어떻게 표현하느냐에 따라 달라진다. 제품 및 회사의 홍보 포인트를 잡고 스토리텔링으로 접근하는 것이 좋다. 배너광고 진행 시 배너광고 제작비는 별도라는 점도 기억하라.

배너광고는 광고주가 직접 제작하는 것이 좋지만 회사 내에서 작업할 수 없다면 외부업체에게 맡겨야 한다. 외부업체에 맡길 경우에는 쌍방의 커뮤니케이션에 문제가 발생해서 시간과 노력이 더 많이 들어갈 수 있다. 외주를 줄 경우에는 적어도 진행하

Site	Budget	Nego.CPM	Expected CPC	Location	Guarantee Impression	CTR	Expected Click	CPM	Period	Market Price
오세종 회사	5,000,000	641	1,667	메인	400,000	0.25%	1,000.00	7,000	1주	2,800,000
				메인	400,000	0.15%	600	4,375	1주	1,750,000
				채용정보	7,000,000	0.02%	1,400	500	2주	3,500,000
				sub total	7,800,000	0.04%	3,000			8,050,000

〈 배너광고 견적서 샘플(VAT 별도) 〉

실전 인터넷광고 매체 믹스와 특징

려는 광고 콘셉트를 정확하게 잡아주어야 시간과 비용을 절약할
수 있다.

배너광고 집행 사례 - 자원봉사 모집

자원봉사 모집을 위한 배너광고를 실시했다. 배너광고 예산은
300만 원으로 진행했다.

디지털타임즈 사이트로 집행하여 다음과 같은 결과가 나타났다.

노출 수 9,333,934, 클릭 수 49,164, 클릭율 0.53%로 효과는 상
당히 좋은 편이다.

Site	개런티	Imps	Click	U-Imps	U-Click	CTR	U-CTR	달성율
디지털타임즈	3,000,000	9,333,934	49,164	4,644,960	48,707	0.53%	1.05%	311%

2009

기의 시대, "노출"로 승부하라

노출을 높이려면 어떻게 만들어야 할까

고등급을 위한 데이터 근거 크리에이티브 제언

- 인터넷 광고의 경쟁자는 가수이고 시청률 1위 프로그램이고 오래 봐주기를 기대하고 제작하지 말 것!

- 그림은 글보다 짧은 시간으로도 인식이 가능하다.
- 글을 기반으로 하는 메시지는 비효과적이다. 이벤트를 설명하지 말고 상품을 보여줘라

- 크기는 가장 강력한 주의유인요소이다. 공간을 낭비하지 마라

오래 봐주기를
기대하고
광고를
제작하지 마라

ABSOLUT BANG

광고와 인터넷간 상호보완적 역할 분담

광고주 상품 망각 방지를 위한 Reminder 기능 부여 (가격 M

TV 광고의 일방적 광고 컨셉의 "Reason Why" 설명 기능

출처 : 2009년 나스미디어 컨퍼런스

광고 노출 매체와 위치는
내가 선택한다 Text+Image=리얼클릭

　리얼클릭은 크게 헤드카피와 쇼핑클릭으로 나눌 수 있다. 다양한 제휴매체사를 통해서 특정 집단에 텍스트 광고_{헤드카피}를 노출시키는 타깃마케팅이다. 즉, 인터넷 기사 광고를 읽을 때 우측이나 하단부분에 로테이션되면서 보이는 한 줄 텍스트 광고를 말한다.

　제휴 매체사의 메인면과 서브면에 쇼핑 썸네일thumbnail 광고 형태를 띠고 개제된다. 따라서 리얼클릭은 의류 쇼핑몰의 선호도가 높은 편이다.

　리얼클릭은 제휴된 매체들 중에서 내가 원하는 매체를 선택해서 광고 노출이 가능하기 때문에 이를 통해 자유롭게 위치와 매체 종류를 통합하고 관리할 수 있다. 매체별, 성별, 연령대 분포도는 각각 다르다. 광고를 하려는 목적과 타깃을 이야기하면 그에 맞는 매체를 선택해준다.

견적서로 클릭당 단가와 매체의 성별, 연령대를 받을 수 있으며, 반드시 일일 예산을 설정해 놓고 매체선택에 집중해야 한다. 너무 자극적인 광고 문구는 구매전환보다는 클릭만 유발할 수 있으니 명심하는 게 좋다.

제휴된 매체는 종합포털네이트, 야후, 파란, MSN 등, PC방 어플리케이션모여, 네티모, 게토골드 등, 언론매체중앙일보, 매일경제, 여성동아, 동아일보, 한국경제, 한겨레, 한경 비즈니스 등, 커뮤니티싸이월드, 세이클럽, 버디버디, 다나와, 마이클럽, 부동산뱅크 등, 엔터테인먼트IMBC, 알툴즈, 피디박스, KBS, 씨네21, 벅스무비, 리크루트 등, 오락/게임넷마블, 플래시365 등, 스포츠신문스포츠서울, 스포츠동아, IMBC스포츠 등, UCC사이트곰TV, 판도라TV, 엠군, 앤유, 아프리카 등, 성인정보에로토이, 일간스포츠-맨홀, 스포츠동아-이브 등 등이다.

리얼클릭 결과 보고서 샘플

요일별, 일별, 시간대별로 노출 / 클릭 수 / 클릭률 확인 가능

카테고리	매체명	지면명	과금률	Impression	Reach	Click	CPC(원)	CTR	CPR	소진액
언론매체	동아일보	서브면 및 기사면 우측 하단	115%	0	0	0	380	0	0	0
엔터테인먼트	센지언	기사면 및 자료실 상세면 하단	100%	34,234	3,427	3	330	0.009	0.088	990
엔터테인먼트	피랑이	서브면 좌측	100%	0	0	0	330	0	0	0
오락/게임	넷마블	성인영화 플레이어 우측	100%	16,513	3,822	1	330	0.006	0.026	330
엔터테인먼트	유마일	인크딩 좌측 하단	100%	181,718	28,377	4	330	0.002	0.014	1,320
엔터테인먼트	센지언	UCC 플레이어 하단	100%	13,911	13,911	3	330	0.022	0.022	990
엔터테인먼트	유마일	인크딩 창 좌측 하단 배너	100%	98,971	15,327	62	330	0.063	0.405	20,460
오락/게임	넷마블	포커지면 1 (베스트 클릭 정보) [4단롤링]	100%	1,502,026	514,464	11	330	0.001	0.002	3,630

네이버, 구글에도 없는 인터넷광고마케팅을 컨설팅하라

카테고리	매체명	지면명	과금률	Impression	Reach	Click	CPC(원)	CTR	CPR	소진액
커뮤니티	아이러브스쿨	메인 우측, 서브 좌측	100%	29,852	7,935	4	330	0.013	0.05	1,320
커뮤니티	결혼 검색웨프	게시글 하단	100%	37	28	03	30	0	0	0
커뮤니티	이흘자닷컴	서브 메뉴 좌측	100%	186,616	14,312	19	330	0.01	0.133	6,270
커뮤니티	젝시 인러브	게시글 하단	100%	13,592	4,289	3	330	0.022	0.07	990
종합포털	네이트	네이트 기사면 우측 하단4 [4단 뱅크룰링]	115%	0	0	0	380	0	0	0
종합포털	파란닷컴	메일 및 게시글 파일 열로도창 하단	115%	0	0	0	380	0	0	0
종합포털	싸이	검색 우측 및 열기록은지식 좌측	100%	2,553	595	0	330	0	0	0
종합포털	인터넷114 및 전화번호	서브면 (지도/교통 검색면) 우측 배너링크	100%	365	74	0	330	0	0	0

리얼클릭 실제 성공 사례

리얼클릭 실제 성공 사례1

광고주	○○어학원
금액	60,462,965원
기간	07.10.24~진행중
클릭	366,443Click
CTR	0.002%~0.025%
진행한 매체	서브라이즈, 제주의소리, 주간동아, 피씨라인, 오토조인스, 중앙일보, 디시인사이드, 머니투데이
Headcopy	새벽에 영어공부 하는 사이트! 새벽에 영어공부 잘되는 사이트! 어학원 랭킹 1위! OO사이버! 생각 즉시! 영어로 말하는 법?

리얼클릭 실제 성공 사례2

광고주	○○○○○
금액	14,588,700원
기간	08.01.04~진행중
클릭	88,417Click
CTR	0.005%~0.009%
진행한 매체	동아일보, 일동맘, 서치펀, 세계일보, 여성동아, 아이러브스쿨, 맘스다이어리
Headcopy	딱 10분 현지인과 화상영어, 오감만족 학습 눈높이 전화영어 중국인과 막힘 없는 대화 비법, 즐겁게 중국어로 대화하는 법

리얼클릭 실제 성공 사례3

광고주	○○○비뇨기과
금액	4,400,000원
기간	2007.6.27 ~ 9.05
클릭	15,036Clicks
노출	76,793,784
CTR	0.02%
진행한 매체	MBC, 엠파스, 파란, 서울신문, 동아닷컴, 노컷뉴스, 부산일보, 동아TV, YTN 등
Headcopy	음경확대 조루치료 국내 1위 즐겨찾기

리얼클릭 실제 성공 사례4

광고주	W 한의원 다이어트
금액	8,200,000원
기간	2006.03 ~ 06
진행한 매체	아이러브스쿨 등
결과	일평균 방문자 수 3배 증가, 광고주의 리얼클릭 집행 비율 2.3배 증가
Headcopy	물만 먹어도 살찌는 이유?

출처 : 리얼클릭

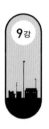

인터넷 입소문 광고
바이럴마케팅카페, 블로그 홍보

인 터 넷 입 소 문 광 고 바 이 럴 마 케 팅
(Viral Marketing)

바이럴마케팅은 카페, 블로그, 상품 구매 후기 등의 내용을 자연스럽게 올리도록 유도하는 것이다. 네티즌들이 참여와 공감형 Webspace를 통해 자발적으로 참여하는 마케팅 기법으로 활용도가 높다. 또한 어떤 기업이나 제품이 자발적으로 소비자 사이에 홍보가 확산될 수 있도록 유도하는 인터넷 입소문 마케팅으로 불린다. 예를 들면, 영화를 보고 싶을 때 영화 후기 및 평가를 통해 관람을 유도하는 것이다.

입소문word of mouth란 William Whyte가 "The web of word of

mouth"라는 논문에서 사용한 이후 마케팅 연구에서 사용되기 시작한 개념으로 학자들 간의 차이점은 있다. 그러나 '한 사람의 입에서 다른 사람의 입으로 전달되는 정보의 흐름' 이라는 공통점을 보이고 있다. 특정 제품이나 서비스에 대해 소비자들끼리 직·간접 경험을 통해 긍정적, 부정적인 정보를 비공식적으로 교환하는 자발적인 의사소통 행위를 말한다.

바이럴마케팅의 목적은 브랜드 신뢰감 형성과 이미지 상승, 입소문의 형성과 활성화, 정보 전달의 매개체, 웹상의 네트워크 형성, 결정적인 구매동기 부여, 트래픽 증가 기여에 있다. 1인 미디어 시대는 블로그, 카페, 트위터 등과 같이 일방적인 상품 정보 전달이 아니라 고객과 함께 성장해가는 쌍방향 커뮤니케이션이다.

온 라 인   바 이 럴 마 케 팅   종 류 와   특 징

종류	특징
블로그 마케팅	특정 아이템을 1인 미디어를 통해 확산시키는 것 회사, 상품, 브랜드 등을 홍보, 인지시키는 마케팅 차별화된 소비자와 기업간의 커뮤니케이션에 중점
카페 마케팅	공통 관심사를 지닌 유저들의 커뮤니티 공간 제공 제품 및 업체에 대한 긍정적인 이미지를 상승시키는 마케팅 DB를 활용한 타깃 마케팅 이벤트, 프로모션 진행 기반 활용 가능
지식인 마케팅	관련 제품 및 업체에 대하여 등록된 질문에 대한 답변 업체에 대한 인지 및 신뢰도를 증대시키는 마케팅 부정적인 글에 대한 긍정적인 답변으로 바꾸어 상위노출 소비자의 궁금증 빠르게 해결

인터넷으로 할 수 있는 바이럴마케팅에는 블로그 마케팅이 많이 활용된다. 그 이유에는 7가지가 있다.

① 유사 그룹, 같은 속성에 대한 타깃마케팅이 동시에 존재한다.
② 고객과의 1 : 1 소통 및 관리가 가능하다.
③ 고객의 체험을 다양한 커뮤니케이션 수단으로 현실감 있게 표현하고 강한 인식 전달이 가능하다.
④ 같은 생각, 같은 정보를 글이나 이미지, 동영상으로 공유가 가능하다.
⑤ 검색엔진에 누적된 데이터로 여러 블로거를 통하여 전달 및 홍보된다.
⑥ 마켓 세그멘테이션이 가능하다.
⑦ 소문을 트랙백으로 모아서 부정적인 소문을 밀어내고, 긍정적인 소문으로 피드백하여 확산시킨다.

블로그, 카페 마케팅 보장내역 체크

바이럴마케팅을 담당할 업체를 선택할 때에는 반드시 주의해야 할 점들이 있다. 먼저 가격만 보고 담당업체를 결정해서는 안 된다. 일부 바이럴마케팅 업체는 불법 프로그램을 사용하기도 하는데 불법 프로그램을 이용하면 법적 제재를 받게 된다.

또한 담당할 업체의 포트폴리오와 보장내역을 확인해야 한다. 일반적으로 오래된 업체일수록 경험이 풍부하기 때문에 업무진행이 원활하다. 한 달 기준이며, 광고주의 컨텐츠, 목적, 업종에 따라 견적 및 보장내역이 달라진다. 꼭 보장내역을 확인하도록 하자. 광고비용은 대부분 선결제로 이루어지고 있다.

카페, 블로그 마케팅 진행 프로세스

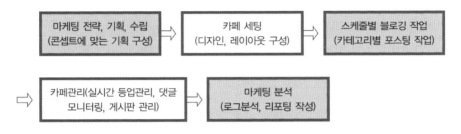

① 블로그 마케팅 보장내역 예시

- 다음, 네이버 블로그 동시 진행
- 카테고리 기획 및 레이아웃 디자인
- 블로그 1일 10개 자료 포스팅 월 220여 개 블로깅 작업
- 댓글 모니터링 및 관리
- 월별 분석 보고서 제출

② 카페 마케팅 보장내역 예시

- 다음, 네이버 카페 동시 진행
- 카페 1일 10개 자료 포스팅
- 회원 등업관리 및 게시판 모니터링
- 카테고리 기획 및 레이아웃 디자인

· 월별 분석 보고서 제출

바 이 럴 마 케 팅   경 쟁 사   비 교

회원수, 카페수, 블로그 이용자 구성비, 일일 방문자 수, 블로그
오픈 후 성장추이 등을 비교한다.

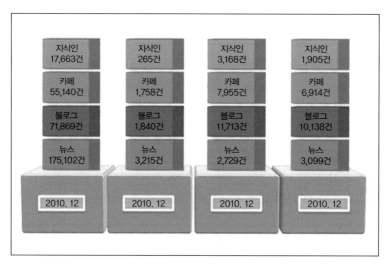

〈 인공관절병원들의 바이럴마케팅 등록 현황 분석 〉

　　　　네이버, 구글에도 없는 인터넷광고마케팅을 컨설팅하라

바이럴마케팅 사례

① 바이럴마케팅 진행 사례

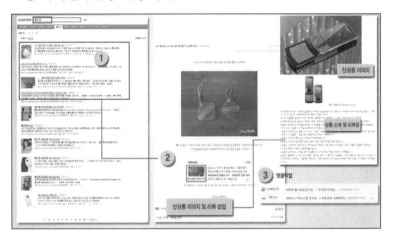

② 바이럴마케팅 영화사례

트랜스포머; 패자의 역습은 블로그를 통해 많은 유입량이 증가하고 세트장, 스틸컷, 제작진, 영화내용, 뉴스, 동영상, 포럼 등의 컨텐츠로 구성했다.

영화 개봉 4~5개월 전부터 블로그를 운영하며 꾸준한 포스팅과 이웃을 통한 이벤트 및 영화 소식 전달에 주력했다.

③ 바이럴마케팅 금융사례

신한금융 CF 광고는 배용준, 유재석의 CF 촬영 메이킹 동영상과 그들의 사인이 담긴 월페이퍼에 참여 회원의 이름을 새겨서 블로그로 스크랩하는 프로모션을 진행했다.

      네이버, 구글에도 없는 인터넷광고마케팅을 컨설팅하라

④ 광고주 : ○○수술 전문 카페

일 평균	100~200명
카페 랭킹	161 유지(훈장)
일 순방문자 수	약 1~2만 명
일 페이지뷰	약 132,065뷰
일 평균 커뮤니티 등록 수	700개

이벤트 페이지 내에 광고주가 노출되지 않기 때문에 다른 어떤 광고보다 회원들의 반발이나 거부감 없이 진행이 가능

⑤ 광고주 : ○○○○학원

관리 전	관리 후
대표 키워드 검색 시 90% 경쟁사 학원만 노출됨 학생에게 학원 브랜드 인지도 낮음	1개월 방문자 PV 10만 명 (경쟁사 학원보다 월 방문자 상승함) 회원수 4만 명으로 확대됨 일 평균 1,500명 이상 방문수 증가 일 평균 2,610회 이상 페이지뷰 증가

⑥ 광고주 : ○○○ 가발

관리 전	관리 후
악성 댓글 상위 페이지 장악 경쟁업체들의 비방글 상위 노출 TV CF 오프라인광고에만 의존한 획일화된 광고의 한계	다음, 네이버 카페, 지식인 악성글 99% 삭제 혹은 노출 안됨 브랜드 블로그 페이지뷰 월 30만 페이지뷰 대표키워드 상위 노출 실제 오프라인 매장 증가

인지도를 높이는 포털,
언론사 뉴스기사 광고 보도자료

'보도자료'는 개인, 기업, 단체가 보도언론매체 기관을 통한 홍보를 목적으로 언론매체 기관에 전송하는 자료를 말한다. 또한 '보도자료 전송서비스'는 이용자개인, 기업, 단체의 보도자료소식를 언론매체 기관에 전송하는 서비스이다.

요즘은 온라인 보도자료 전송서비스가 급증하고 있다. 지면과 시간, 여러 제약 때문에 신문, 방송에 보도되지 않거나 내용 중 일부만 보도됐던 정보도 원문 그대로 전송된다.

· 전 세계 신문사, TV방송사, 라디오 및 전문잡지에 각 국의 언어로 배포된다.

- 전 세계 주요 인터넷 포털 및 통신사 홈페이지에도 자동 게재된다.
- 기존 배포망을 이용하기 때문에 최소의 비용으로도 배포가 가능하다.
- 전 세계 유수의 통신사를 통하여 배포함으로써 홍보보도자료에 대한 신뢰성을 갖게 한다.

보도자료 홍보물 작성 시 주의할 점 10가지

'보도되지 않은 것은 역사가 아니다'는 말이 있다. 지식이 TV, 라디오, 인터넷을 통해 전파될 때 역사를 만든다는 뜻이다. 머리 속에 있는 지식이 세상 사람들과 공감될 때 비로소 살아있는 지식이 된다. '월스트리트 저널'의 하루치 기사에 대하여 '콜럼비아 저널리즘 리뷰'가 분석을 한 결과 기사의 70%는 보도자료를 그대로 기사화한 내용이며, 30%만이 보도자료에 새로운 사실을 기자가 첨가한 뉴스라고 한다.

다음은 보도자료 홍보물을 작성할 때 주의해야 하는 10가지 사항이다.

① 간결하고 함축적인 제목으로 핵심키워드 추가한다.
② 출처가 없는 보도자료는 없다.
③ 본문은 중요 내용부터 먼저 쓴다.
④ 과장하지 말고 진실에 충실하라.

⑤ 기사의 첫 문장에서 전체 내용을 알 수 있어야 한다.

⑥ 가장 중요한 정보를 앞에 두는 역 피라미드 형식으로 쓴다.

⑦ 문장은 짧고 명료하게 쓴다.

⑧ 독자의 입장에서 쉽게 작성한다.

⑨ 육하원칙은 뉴스보도의 기본이다.

⑩ 사진도 뉴스 가치를 판가름한다.

Keyword 오 팀장이 간다

입소문의 강자 바이럴마케팅

입학시즌 및 방학시즌이 돌아왔다. 이 기간 한 달 전에는 교육 분야의 광고가 활발해진다. 시즌을 준비하려는 업체에서 문의가 왔다.

"키워드광고를 하고 있습니다만, 잠재고객을 좀 더 늘리고, 홈페이지 유입과 상담전화가 늘어났으면 합니다. 좋은 방법이 없을까요?"

"검색광고를 시작한 후 정체기가 온 것 같습니다. 이런 시기에 할 수 있는 것이 바로 바이럴마케팅입니다. 검색광고와 함께하면 더 효과적입니다. 카페나 블로그를 운영해 본 적 있으세요?"

"카페나 블로그로 홍보를 할 수 있나요? 커뮤니티 아닌가요?"

"블로그나 카페로 홍보할 수 있습니다. 블로그나 카페를 직접 개설하여 커뮤니티처럼 운영하면 됩니다. 이들은 입시정보, 토익, 편입, 재수생 정보, 후기, 선배와의 만남 등 유익한 정보를 공유할 뿐만 아니라 자사 홈페이지로도 유입될 수 있습니다. 다양한 프로모션을 통해 스크랩해 가는 방식도 있고요.

예를 들면, 카메라를 구매할 때 추천 및 사용후기가 많은 제품을 선호하는 것과 같습니다. 한 명의 추천보다 10명의 추천이 믿음을 주기 때문이죠. 바이럴마케팅은 입소문 광고입니다. 최고의 광고효과는 지인소개 및 추천입니다. 구전효과word of mouth effect를 통해 제품의 전문성을 제공하며, 지인소개라는 신뢰로 관심이 생기고, 구매까지 영향을 미치게 만드는 것이지요."

"와우~ 그걸 언제 만들어서 관리하고 유지하죠?"

"바이럴마케팅만 진행하는 회사가 있습니다. 그쪽으로 의뢰하시면 됩니다. 혼자서는 실행하기가 쉽지 않습니다. 바이럴마케팅 회사 담당자와 광고 담당자가 커뮤니케이션을 해야 합니다. 가장 빠른 방법으로는 진행되고 있는 카페를 인수하기도 하지요. 그러나 바이럴마케팅은 진실성이 중요합니다. 생명과 같습니다. 네이버가 '그린리뷰달기 캠페인'을 하는 것처럼 사실적인 내용을 공유해야 합니다. 따라서 처음부터 개설하여 운영하는 것이 바람직합니다."

"바이럴마케팅 효과는 어떻게 측정하나요?"

"로그분석을 통해 유입수를 측정할 수 있으며, 카페의 회원수, 조회수, 스크립수, 방문수 등을 통계로 측정할 수 있습니다. 바이럴마케팅을 진행한다고 해서 하이퍼포먼스가 일어나는 것은 아닙니다. 그러나 노출을 많이 할 수 있다는 것과 자료가 모두 누적된다는 장점이 있습니다. 즉, 포털에 키워드를 검색할 때마다 노출되기 때문에 장기적으로 홍보할 수 있습니다."

"바이럴마케팅은 얼마나 진행해야 효과가 나타나죠?"

"최소 3개월 이상은 진행해야 효과를 볼 수 있습니다. 바이럴마케팅은 모든 자료가 누적되기 때문에 많이 누적될수록 노출 확률은 높아집니다."

"바이럴마케팅의 역효과는 없나요?"

"있습니다. 사실이 아닌 과장으로 진행할 때 안티 커뮤니티로 바뀔 수 있다는 점을 인식하고 있어야 합니다."

"카페나 블로그 외에 다른 매체는 없나요?"

"트위터나 페이스북이 있습니다. 트위터는 실시간으로 정보를 알릴 수 있는 매체입니다. 백화점은 트위터를 실시간 상담창구 매체로 활용해 소비자에게 바로 반응합니다."

"다양한 매체가 있네요. 대화를 더 나누고 싶지만, 회의 때문에 안 되겠네요."

"자세한 부분은 바이럴마케팅 담당자가 연락을 할 겁니다. 진행업무프로세스나 견적 등은 메일로 드리겠습니다. 부자 되세요."

네이버, 구글에도 없는 인터넷광고마케팅을 컨설팅하라

Chapter 3

키워드광고, 검색광고의
달인이 되는 비법

11강

네이버 키워드광고의
파워링크

소비자들은 제품과 서비스에 관심과 흥미가 생기면, 인터넷 검색을 통해 정보를 습득하고 행동하며, 그 결과에 대해 공유하는 패턴으로 구매단계가 변화하고 있다. 이러한 단계에서의 'Search 검색' 기능은 검색광고가 타깃팅이 가능한 비용대비 효과가 높은 광고형태로 자리잡는 데 큰 역할을 하고 있다.

키워드광고는 검색 니즈에 맞게 정확한 타깃팅으로 고객확보가 가능하다. 클릭당 과금방식CPC으로 노출은 무료이며, 클릭을 할 때만 과금이 되는 합리적인 방식이다. 기간과 예산에 맞게 진행이 가능하며 On/Off를 할 수 있는 편리한 점이 있다.

또한 네이버의 검색결과 첫 페이지에 상위 노출된다. 네이버에만 노출되지만, 네이버의 다양한 지면에 함께 노출된다.

파워링크, 비즈사이트의 클릭초이스

클릭초이스는 클릭하여 고객이 방문한 경우에만 광고비를 지불하는 종량제 방식의 키워드광고 상품이다.

네이버 키워드광고는 과금방식을 기준으로 클릭당 과금하는 클릭초이스와 노출기간당 과금하는 타임초이스로 나눠진다. 키워드를 구매하여 네이버 검색결과 페이지에 광고주의 사이트가 보여지도록 하는 광고로 해당 정보를 찾는 이용자들에게만 100% 타깃팅되어 노출되는 효율적인 광고형태다.

클릭초이스의 검색 네트워크 위치는 네이버 통합검색naver.com, SE검색se.naver.com, 모바일검색m.naver.com, 네이버 통합검색 외검색탭/광고더보기/지식쇼핑 내 스폰서 링크 영역, 검색 파트너옥션/G마켓/비비/롯데아이몰 내 스폰서 링크 영역 등의 검색 결과 페이지에 노출된다.

클릭초이스의 컨텐츠 네트워크 위치는 네이버 지식iN 페이지 하단, 네이버 블로그 약 13,063개 페이지 내부에 동시 노출이 가능하다.

광고 품질지수가 높아지면 어떤 혜택이 있는가

품질지수가 높아지면 순위지수가 높아져서 광고 노출 순위가 높아지는 효과가 있다.

순위지수는 최대 클릭비용과 품질지수의 곱으로 산정되는 값으로 광고의 노출 순위를 결정하는 값이다. 품질지수가 높아지면 순위지수가 높아지기 때문에 동일한 최대 클릭비용으로 입찰한 광고라도 품질지수가 높은 광고가 더 높은 순위에 노출된다.

품질지수가 높아지면 지불하는 광고비가 낮아진다. 지불하는 광고비 즉 실제 클릭비용은 차순위 광고의 순위지수를 자신의 품질지수로 나눈 값에 10원을 더하여 산정된다. 따라서 차순위 광고의 순위지수가 일정한 경우 광고효과가 좋아져 품질지수가 높아지면 더 저렴한 값의 실제 클릭비용만을 지불하고 광고를 노출할 수 있다.

검색광고는 네이버 검색 사용자들에게 광고 이상인 정보의 역

노출위치	통합검색 탭 결과 페이지 파워링크/비즈사이트 영역, 기타 검색탭 페이지 결과 상단 영역, 광고더보기 결과 페이지
노출방식	키워드별로 최대 클릭비용과 품질지수를 고려하여 산출된 광고 순위에 따라 통합검색 탭 결과에 10개는 반드시 파워링크 영역에 노출된다. 비즈사이트 광고 게재를 선택한 순서대로 비즈사이트 영역에 5개 광고가 노출된다. 파워링크 영역 노출 여부 중복과 관계 없이 검색 탭 및 광고더보기 광고 게재를 선택한 경우, 순서대로 검색 탭 영역은 3개, 광고더보기 영역은 최대 50개의 광고가 노출된다. 광고비용이 충전된 계정인 경우 검수에 소요되는 기간은 신청일을 기준으로 3~5일(영업일 기준)이내이다. (단 검수 전에 문안수정을 하는 경우 신청일이 아닌 수정일을 기준으로 3~5영업일 이내에 검수된다.) 비즈머니 잔액이 충분하지 않은 경우에는 검수가 이루어지지 않는다. 반드시 비즈머니 충전을 완료해야 한다.
광고비	광고 노출 기간 동안 클릭이 일어난 횟수에 따라 비용을 지불하는 CPC 과금방식 클릭초이스의 최저 입찰 가능 금액은 70원이다.

네이버, 구글에도 없는 인터넷광고마케팅을 컨설팅하라

할을 한다. 만약 품질이 좋은 광고가 더 많은 혜택을 얻어서 통합 검색 결과 페이지에 노출된다면, 사용자들은 자연스럽게 품질이 좋은 광고를 클릭하여 원하는 정보를 얻게 되므로 검색광고에 대한 신뢰도가 높아질 것이다. 이는 네이버 검색 품질을 향상시킬 뿐만 아니라 검색광고에 대한 사용자 만족도를 높여서 사용자들이 검색광고를 보다 신뢰하고 더 많이 이용하는 결과를 가져오게 된다.

플러스링크의 타임초이스

타임초이스는 7일 단위로 노출에 대한 고정된 비용을 지불하는 기간제 방식의 키워드광고 상품이다. 7일 단위의 입찰 방식을 취하기 때문에 '광고 노출의 안전성'을 유지하면서 '유연한 광고 운영'의 특징을 더한 효과적인 검색광고 상품이다매주 수요일 15:00 정기입찰 종료.

매주 수요일에 정기적으로 광고 게재에 대한 낙찰이 이루어지고, 낙찰 결과에 따라 다음날목요일 0시부터 7일간 광고가 게재된다. 등록할 키워드는 검수가 완료되면 입찰에 참여할 수 있다. 키워드 검수에 소요되는 기간을 고려하여 광고 등록을 사전에 해야 하며, 최소 3~5일 전에 키워드와 광고문구를 승인 받아야 안전한 노출을 할 수 있다. 광고를 등록한 후 검수가 완료되고 사이트나 그룹의 상태를 ON으로 설정하면 입찰에 연속적으로 참여할 수 있다.

연속적인 입찰은 광고를 등록할 때 입력한 입찰가 및 광고 문안을 기준으로 진행되기 때문에 수정이 필요하면 광고관리 메뉴에서 수정한다. 수정된 광고문구는 영업일 최소 3일~5일정도 소요 된다는 것을 꼭 명심하라. 곧바로 되지 않는다.

타임초이스 광고 취소는 정해진 위약금을 지불한 후 취소할 수 있다_{위약금은 원단위 절사함}.

노출위치	통합검색 결과 페이지 파워링크 하단 플러스링크 영역
노출방식	키워드별 입찰 결과에 따라 노출 순위 책정, 최대 5개까지 노출 타임초이스 상품의 판매 기간 단위는 7일, 매주 목요일 00시부터 7일 동안(다음주 수요일 23시 59분 59초) 광고 노출 · 정기입찰 종료시각: 매주 수요일 15:00pm(추가입찰 일별 15:00pm) · 정기입찰 노출시작: 매주 목요일 00:00am(추가입찰 노출 익일 00:00am)
광고비	단위시간(7일) 입찰을 통해 결정된 광고 비용 지불하는 CPT 과금방식 타임초이스 상품은 전체 키워드를 입찰로 판매하여 시장 경쟁에 의한 자율가격을 원칙으로 함

네이버 검색광고 접수서류

서류를 접수하기 위해서는 사업자등록증과 통신판매업신고증 이 필요하다. 업종마다 필요한 서류가 다르지만 반드시 서류와 사 이트 하단정보는 일치해야 한다. 확인 사항으로는 사업자등록번 호, 상호명, 대표자명, 주소, 연락처, 통신판매신고번호는 기록해 야 한다. 사이트를 검수할 때 주기적으로 보이지 않으면 사이트 보류로 광고가 중지가 될 수 있다. 병원은 의료기관개설허가증 혹 은 의료기관신고필증이 필요하다. 건강식품 판매 쇼핑몰은 건강 기능식품판매업영업신고증이 필요하다.

★ 네이버 검색광고 참고 사이트

http://searchad.naver.com/ 네이버 키워드광고 로그인 창

http://saedu.naver.com/index.nhn 네이버 키워드광고 교육센터

http://www.shopinside.net/ 쇼핑몰 교육 샵인사이드

http://blog.naver.com/luckeyword.do 네이버 키워드광고 공식 블로그

http://inoti.naver.com/inoti/main.nhn
저작권침해, 권리보호, 명예훼손에 관한 내용 접수처

오버추어 키워드광고의
스폰서 링크

국내 주요 매체인 다음, 네이트, 파란, 야후 등 네트워크 검색 결과 첫페이지의 스폰서 링크에 노출된다.

오버추어 키워드광고의 스폰서 링크

국내 주요 포털 사이트의 검색 결과 첫 페이지의 가장 상단 스폰서 링크 위치에 노출된다. 오버추어 제휴 파트너사 사이트 등에서 키워드를 등록한 광고주 사이트를 바로 보여줌으로써 구매를 유도한다. 클릭당 과금Cost Per Click방식으로 네이버와 동일하며, 사이트에 들어올 때만 광고비를 지불한다. On/Off 기능을 이용하여 광고 집행 기간을 조절할 수 있다. 입찰가 및 광고 품질을 기준으로 노출 순위가 결정되기 때문에 최소의 비용으로 최대의 효과를 얻을 수 있다. 광고비는 최저 90원부터이며, 초기 등록비는 최소 20만 원 이상이다. 초기 등록비는 전액 광고비로 사용되며 자유롭게 재결제가 가능하다.

오버추어 키워드광고 진행

오버추어는 키워드광고 전문인 미국의 한 회사 이름이다. 야후닷컴이 인수하면서 국내 키워드광고를 시작하게 되었다. 오버추어는 국내 포털 다음, 야후, 파란, 네이트 등과 제휴를 맺어 스폰서 링크영역에 키워드광고를 노출시키고 있다.

경쟁입찰방식으로 최소단가 90원으로 시작하며 10원 단위로 입찰을 하면 상위에 노출시켜주는 방식이다.

오버추어 광고 진행은 광고주 계정ID/PW을 만든다. 캠페인 〉그룹 〉키워드 식으로 키워드와 광고문구, 연결될 페이지 정보를 입력한다. 그리고 키워드마다 입찰을 설정하고, 광고금액을 입금한다. 최소 20만 원 이상 결제를 해야 한다.

키워드와 광고문구가 승인완료 되면 광고가 바로 포털 및 제휴사에 동시에 노출된다. 이때 구매전환을 체크하기 위해 오버추어에서 제공하는 컨버전 카운터를 사용한다. 전환체크 소스를 홈페이지 내에 삽입하면 된다.

네이버는 한 키워드마다 한 문구만 사용이 가능하나 오버추어는 여러 개의 광고 문구 중 어떤 것이 가장 좋은지 테스트가 가능하다. 여러 문구 중에서 가장 최적화된 문구가 자연스럽게 노출된다. 또한 보다 많은 클릭을 유도할 수 있다. 특정 캠페인의 시작일과 종료일을 지정하여 개별 광고 캠페인 기간을 설정할 수 있다.

오버추어의 콘텐츠매치Content Match

사이트 내에서 컨텐츠를 조회할 때 해당 컨텐츠와 일치하거나 관련성이 높은 제품 또는 서비스 정보를 제공하는 새로운 방식의 광고 기법이다. 장점은 추가적인 공간 마련 없이 검색 결과 위치에 광고가 적용되며 여러 제휴사를 통해 포털, 언론사, 개별사이트 등에 타깃팅된 광고를 집행할 수 있다. 클릭당 비용이 과금되는 CPC 방식이다.

★ 오버추어 참고 사이트

www.overture.co.kr 오버추어 코리아 본사

https://login42.marketingsolutions.overture.com/adui/signin/loadSignin.do?l=ko_KR 오버추어 로그인 창

http://help.overture.com/l/kr/overture/ov/sps/index.html 광고주 교육센터

www.designhome.co.kr
저렴한 홈페이지 제작부터 오버추어 광고까지 컨설팅 가능

http://keywordpack.myoverture.co.kr/ 오버추어 키워드팩

네이버, 구글에도 없는 인터넷광고마케팅을 컨설팅하라

overture ◎

Life is Connected with Keyword.
Keyword is Expectation.

"광고도
아는 만큼
보인다"

Online
Marketing
Summit

Agency Support Star Festival

스폰서 링크의 오버추어 퀴즈

① CPC 값은 어떻게 되는가?

노출수	클릭수	최대입찰가	컨버전 수	광고비
30,000	1,000	2,000원	78	300,000원

② 키워드 삽입기능으로 결과 페이지에 나타나는 순서는?

③ 한 계정에서 사용할 수 있는 개수는?

	캠페인수	한 캠페인당 키워드그룹수	한 키워드 그룹당 키워드수	한 키워드 그룹당 광고문구수
숫자	A 개	B 개	C 개	D 개

④ 키워드는 중복해서 등록이 가능하다. 그러나 동일한 키워드
는 그룹내에서 등록할 수 없다.　（ Ｏ ，　Ｘ ）

⑤ 키워드를 다른 키워드 그룹으로 이동 또는 복사하면 새롭게
재 심사가 이루어진다.　（ Ｏ ，　Ｘ ）

⑥ 고급분석 도구에서 회원가입 및 구매전환 등과 같이 트래킹
최종 목적 페이지에 도달하는 방문자를 트래킹할 때 사용하
는 태그는 무엇인가?

⑦ '키워드 성과 보고서'에서 포함하지 않는 데이터는?
　1) 클릭 수 합계　　　　2) 사용계정별 키워드의 클릭 수
　3) 확장 검색클릭 수　　4) 컨텐츠 매치의 클릭 수

⑧ 광고 품질 향상을 위한 방안이 아닌 것은?

  1) 검색어를 제목과 부분에 포함시킨다.

  2) 연결 URL은 검색어를 나타나는 세부페이지로 연결한다.

  3) 결과 페이지의 컨텐츠가 검색어를 포함하게 한다.

  4) 광고문구의 길이를 최대한 길게 작성한다.

⑨ 타사이트명의 사용가능 여부는 상표권으로 판단된다.

  (O , X)

⑩ 최근 상위 노출 순위의 입찰가 범위에 대한 설명으로 옳은 것은?

  1) 광고 지역 설정을 고려하여 상위 입찰가 범위 예측

  2) 확장검색을 고려하여 상위 입찰가 범위를 예측

  3) 광고주의 품질평가 지수는 고려하지 않지만, 모든 광고주가 다른 결과를 갖게 된다.

  4) 광고주의 품질평가 지수를 고려하여 상위 입찰가 범위를 나타내준다.

구글 키워드광고
100배 즐기기

구글 키워드광고

구글 키워드광고는 세계 1위 전문 검색포털 구글과 연합뉴스, 오마이뉴스 등 언론사 사이트, 디시인사이드와 같은 커뮤니티 포털 등 대형사이트를 비롯하여 수만 개에 달하는 다양한 국내 중소규모 블로그/사이트에 보편적 광고수단으로 자리잡은 애드센스 광고 네트워크에 노출되는 광고를 말한다. 다양한 광고 형식으로 텍스트 광고와 이미지gif/플래시 광고가 가능하다.

구글 애드워즈는 타 CPC광고와 달리 컨텐츠 문맥 광고에 최적화되어 있어 저렴한 비용으로 보다 세밀한 타깃팅 광고가 가능한 장점이 있다. 일일예산과 시간, 요일, 기간을 설정한 광고 운영이

네이버, 구글에도 없는 인터넷광고마케팅을 컨설팅하라

가능하다.

보통 오버추어에 비해 저렴한 광고비로 광고집행이 가능하다. 네이버, 오버추어와 동일한 클릭당 과금방식이며 순위 설정은 "순위 = 최대CPC × 품질평가점수" 방식이다.

품질평가점수는 높은 클릭율CTR: click through rate, 광고문구의 관련성, 랜딩페이지의 컨텐츠 최적화로 높일 수 있고, 단가를 낮춰서 광고비용 지출을 최소화할 수 있다.

구 글   컨 텐 츠 광 고

문맥 타깃팅

사용자가 웹서핑을 하면서 만나게 되는 콘텐츠에 관련성 높은 광고가 나감으로써 광고의 도달율을 자연스럽게 높이게 된다. 문맥을 읽어 관련성 높은 광고를 자동으로 연결시키는 방식이다. 텍스트, 이미지, 플래시, 동영상광고 등 자유로운 광고표현이 가능한 것이 장점이다.

게재위치 타깃팅

연령대별, 성별, 관심사 등에 따른 사용자의 구매력을 고려하여 선택된 사이트에 관련성 높은 광고의 게재가 가능하다. 사이트의 특성과 관련성 높은 광고를 연결시키는 방식이다. 텍스트, 이미지, 플래시, 동영상광고 등 자유로운 광고표현이 가능한 것이 장점이다. 광고비용은 CPM/CPC 방식이다.

모바일 광고

모바일을 사용한 검색기반의 텍스트 광고로 클릭하여 모바일
전용 페이지로 연결되거나 직접 전화걸기가 가능하다.

★ 구글 참고 사이트

agency-adwordsko@google.com
이메일로 구글 애드워즈 뉴스 레터 신청가능

http://adwords-ko.blogspot.com/ (구글 애드워즈 공식 블로그)
구글 검색광고 사용법, 관련 자료

https://sites.google.com/site/agencyko/ (구글 에이전시 사이트)
카테고리 리더 스냅샷, 교육자료

www.google.co.kr/intl/ko/adwords/learningcenter/
(구글 애드워즈 멀티미디어 학습센터)
구글 키워드광고 애드워즈 도움말을 동영상으로 학습

http://www.google.co.kr/intl/ko/landing/100things/
구글 검색으로 할 수 있는 100가지(동영상으로 확인하여 이해하기 쉽다)

https://adwords.google.com/select/afc.html 콘텐츠 네트워크

https://adwords.google.com/select/afc/site.html 사이트 타깃팅

Google

Google

맥도날드

광고주
맥도날드 코리아 (Local)

캠페인 목적
20-30대 타겟 고객에게 노출 극대화
맥모닝 세트 3000원 세일 및 맥머핀 쿠폰
이벤트 홍보

캠페인 타입
콘텐츠 블래스트 캠페인

맥도날드 코리아는 맥모닝 세트 3000원
홍보 및 맥머핀 셋트 쿠폰 이벤트 홍보를
위한 온오프라인 통합 마켓팅의 일환으로

노출수
일일 1천 2백만

클릭수

구글 콘텐츠 캠페인 집행사례
gle Content Campaigns

"노출은
아는 만큼
무제한이다"

Google Conte

대형 광고주들이 말하는
Google 콘텐츠 캠페인의 장

Scale & Precision
1   광범위한 구글 네트워크를 활용하여 목발작
타게팅 기술을 접목하면 보다 세밀한 접근도

Flexible Solution
2   광고 목적에 부합하는 캠페인으로 맞춤 설정

Performance
3

구글 퀴즈

① 팝업의 콘텐츠가 방문 페이지의 콘텐츠와 관련성이 높을 경우에 한해 사이트의 방문 페이지에 팝업이 허용된다.
(O , X)

② 클릭유도문안call-to-action의 예는?
1) 맞춤서비스   2) 최저가격
3) 최우수 웹컨텐츠   4) 구매하기

③ Google에서 광고문안에 최상급 표현을 허용하는 경우는?
1) 광고문안에서 항상 허용
2) 광고문안에서 허용되지 않음
3) 최상급 표현에 대한 근거가 사이트의 방문 페이지에 명시되어있을 경우
4) 합법적인 제3자가 최상급 표현에 대한 근거를 뒷받침할 경우

④ 광고주가 타사 상표를 키워드 및 광고문안으로 사용할 경우 그 책임은 해당 광고주에게 있다.   (O , X)

⑤ Google은 _____을(를) 제외한 모든 요소를 고려하여 키워드의 품질평가점수를 산정한다.
1) 클릭률   2) 과거 키워드 실적
3) 광고문안의 관련성   4) CPC 입찰가

⑥ 애드워즈 계정 생성 절차를 완료한 후 수정이 가능한 것은?

1) 결제방법(후불/선불)　　　2) 지불 통화

3) 키워드　　　　　　　　　4) 애드워즈 계정 시간대

⑦ 이미지광고는 키워드 타깃팅 및 게재위치 타깃팅 캠페인 모두에서 작성 가능하다.　(O ,　X)

⑧ 사이트 타깃팅 캠페인은 브랜드 인지도를 높이려는 광고주에게는 유용하다.　(O ,　X)

⑨ 따옴표를 사용한 "메모광 오세종"을 키워드로 사용하는 광고는 어떤 검색어를 입력할 경우에 게재되는가?

1) 메모광이며 귀여운 오세종

2) 메모광 멋있는 오세종

3) 메모광이며 지적인 오세종

4) 호기심 메모광 오세종

⑩ 축구화를 판매하는 광고주가 '세종 축구 슈즈'라는 검색어에 대해 광고가 게재되지 않도록 하려면 '세종'을 제외어검색 키워드로 사용해야 한다.　(O ,　X)

정답
① X 팝업이 방문페이지에 있으면 광고 불가　　② 4　　③ 4　　④ O
⑤ 4, CPC 입찰가는 품질평가점수 산정 시 고려되지 않음. 키워드 관련성 반영함.
⑥ 3, 키워드는 광고그룹 내에서 언제든지 수정가능　⑦ O　⑧ O　⑨ 4　⑩ O

키워드 추출 키워드팩과
검색광고 문구 T&D 백일장

유저들이 검색창에 검색을 하면 오른쪽 그림과 같이 F의 형태를 보이고 있다. 즉, 고객의 시선은 좌측 상단에 많이 모여 있다는 것이다. 그 이유는 그 위치가 눈에 잘 보이고, 홈페이지 유입이 많으며, 구매까지 이어지는 통로이기 때문이다. 사람의 심리가 무의식적으로 좌측 상단을 클릭해서 유입된다는 것을 알 수 있는 실험이다. 그래서 상위노출에 목숨을 걸고 있다.

Golden Triangle이란 검색 결과의 첫 번째 페이지 왼쪽 상단에 편중된 사람들의 시선을 도형화한 것을 말한다.

골든 트라이앵글의 생성원인은 Google의 검색 결과가 효율적이기 때문에 첫 번째 상단에 내가 원하는 답을 제공해줄 것이라는 믿음이 만들어지고, 그것이 이러한 습관적 반응을 유발한다. 가장 왼쪽 상단에 노출되는 것이 좋지만, 예산에 맞게 운영을 해야 한다. 무조건 1위를 달릴 수 없기 때문이다. 그래서 여러 키워드를 추출하고, 광고문구를 차별화한다면 1위에 노출하는 만큼 효과를 볼 수 있다. 만약 5위에 광고가 노출되어도 1위보다 클릭률이 높을 수 있다. 세부키워드와 광고문구의 차별화로 광고품질점수가 높아지면 클릭당 단가는 낮아진다. 키워드추출 방법과 검색광고 문구 작성법을 알아보자.

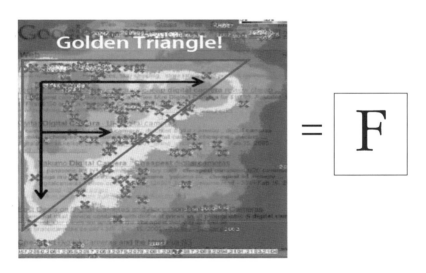

〈 골든 트라이앵글 〉

Golden Triangle에서 사용자들은 F형태로 스캐닝을 한다.
왼쪽 상단이 가장 클릭률이 높다.

매출을 상승 시키는 키워드추출

1위에 노출시킬 수 있는 다양한 키워드를 찾아보자. 키워드광고는 대표키워드, 세부키워드가 존재한다. 즉, '다이어트' 가 대표키워드면, '다이어트효과좋은방법' 이 세부키워드다. 세부키워드는 저렴한 단가로 구매전환을 높일 수가 있다. 그래서 다양한 키워드를 발굴하고 찾아내서 키워드를 추가하는 작업을 한다.

그 중에서도 웹사이트 분석, 경쟁업체가 현재 사용하는 키워드 파악, 시즈널 이슈를 파악해 키워드를 확장한다.

웹사이트 분석	자사 사이트 상품과 서비스 연관 키워드 추출
경쟁업체 파악	경쟁업체 및 동종업체 진행 주요 키워드 추출
시즈널 이슈 파악	계절 및 행사와 관련된 키워드 추출 활용
키워드 확장	연관 검색어 및 세부키워드 추출

세부키워드 확장 전략은 구매 전환율이 높고, 무제한 확장이 가능하며 단가 비용이 저렴하고 입찰경쟁이 약하다는 장점이 있다. 또한, 세부키워드 확장 전략으로는 사칙연산만 생각하면 된다. 덧셈, 뺄셈, 곱셈, 나눗셈을 하듯이 키워드를 추가해보고, 삭제해보고, 겹쳐보고, 반으로 나눠보기 바란다. 그리고, 세부키워드 확장 전략으로 브레인스토밍Brainstorming 기법을 이용하라. 브레인스토밍법은 간단한 방법으로 다양하고 많은 아이디어를 얻을 수 있다. 한 가지 문제에 많은 아이디어를 생산해내고 이를 자유로이 변형하고 발전시킨다.

네이버, 구글에도 없는 인터넷광고마케팅을 컨설팅하라

예를들어 '세종일본어학원'으로 세부키워드를 확장해보자.

시즌 활용		수식어 활용
여름방학특강 여름방학일본어특강, 방학일어특강, 대학생특강		일본어전문학원 일어전문학원 일어전문학원추천
지역명 활용	세부키워드 확장 방법 ex)세종일본어학원	**이용자 활용**
강남일어학원, 강남근처학원 강남CGV학원, 강남역학원		어린이일본학원, 어르신일어 성인일어학원, 직장인일어
상품명 활용		**이벤트 활용**
JLPT반, 일어회화, 일어문법 한자반, 일어기초, 일어주말		단기속성일어학원, 국비지원 국비지원학원, 고용보험환급

★ 키워드 확장 참고 사이트

www.autokeyword.com (오토키워드)
키워드 수집 프로그램, 수집방법, 및 프로그램 다운로드 제공

https://adwords.google.co.kr/select/KeywordToolExternal
구글 키워드 수집 프로그램

www.searchian.com (서치안)
경쟁사의 키워드, 광고문구, 사이트 광고현황 정보제공

http://keywordpack.myoverture.co.kr/
오버추어 키워드팩, 업종별, 시즌별키워드 제공

http://searchad.naver.com/CMKS01/CMKS0102_A01/
네이버 키워드 스테이션(必로그인)

검색광고 문구(T&D) 100장 작성법(백일장)

어릴 때 글쓰기 백일장을 생각하면 쉽다. 여러 광고문구를 작성하는 요령을 터득하면 백일장에서 1등을 하듯 1위에 노출시키지 않아도 광고효과를 볼 수 있다.

3위~5위에 노출되어도 검색광고 문구 작성법을 익혀서 활용해보자. 인터넷은 정보의 바다라 불릴 정도로 많은 정보를 담고 있다. 사이버 공간에서 네티즌들이 원하는 정보에 도달하는 가장 타깃이 맞는 방법 중 하나가 검색엔진에 찾고자 하는 정보에 관한 '키워드'를 입력하는 것이다. 키워드를 입력했을 때 검색결과로 나타나는 제목과 설명문구가 자신이 찾는 정보에 합당한지 아닌지를 살펴보게 된다.

한 조사에 따르면 클릭시 가장 주목하는 검색결과에서도 검색어가 잘 나타난 제목과 설명이 삽입된 것이 53%의 클릭을 유발했고, 2위는 최상위에 위치한 검색결과로 28.2%, 브랜드 인지도가 높은 사이트의 결과는 14.5%로 3위, 컬러, 굵은 글씨, 아이콘이 강조된 검색결과는 4.3%로 가장 낮은 클릭요소를 나타냈다.

제목과 설명Title & Description, T&D은 검색 후 보여지는 첫 번째 결과로 소비자를 사이트로 연결시키는 손이다. 악수를 하고자 뻗는 손과 같다. 노출되는 항목은 15자 이내의 제목과 45자 이내의 설명Description, 그리고 해당 사이트의 URL로 구성되어 있는데 이는 간단하고 단순해 보이는 외모와는 달리 막강한 파워를 자랑한다. 즉, 효과적인 제목과 설명달기는 타깃층인 소비자의 클릭을 적극적으로 유도하는 핵심요소로 불리한 순위와 브랜드 인지도를 극

복하는 방안이 된다.

만약 가장 높은 광고효과를 볼 수 있고, 소비자의 눈길을 주목시키는 것이 무엇이냐고 나에게 묻는다면 광고하려는 제품이나 서비스의 특성을 잘 나타낼 수 있는 단 한 줄의 카피, 그것을 이미지로 표현한다면 스틸 사진 한 장일 것이다.

누군가의 시선을 사로잡을 수 있는 카피는 멋진 시구나 아름다운 언어로만 포장된 것은 아니다. 그것이 전달해주는 정서, 특징, 거짓이나 과장이 아닌 진실이 묻어나는 그 문구 하나로 족하다. 그러기 위해서는 해당 제품이나 서비스의 핵심을 잘 파악해야 하고, 그 중에서도 그 제품, 서비스만이 지닌 특성을 제대로 포착해야 한다. 그러한 제목과 설명으로 불특정 다수의 인터넷 이용자, 소비자에게 다가간다면 사이트로의 유입을 보다 쉽게 이끌 수 있다.

제목과 설명의 중요성은 바로 여기에 있다. 특히 비슷한 유형의 카테고리 별로 유형별 T&D 작성에 유의한다면 더할 나위 없는 효과를 얻을 수 있다.

AC Nielsen세계적인 마케팅 리서치 기업 조사 결과에서 보다 효율적인 제목과 광고 설명 작성이 광고효과를 높일 수 있는 방법이라고 했다. 사이트의 클릭률을 높이고, 광고 클릭당 단가를 낮출 수 있는 키워드광고 문구의 전략을 알아보자. 이벤트, 제휴관계, 적립금 등으로 차별화하는 방법도 있지만 관련성 있는 제목과 설명, 숫자와 영어를 조합시키는 방법도 있다.

관련성 있는 제목과 설명으로 자석처럼 끌어들여라. 검색어가 포함된 등록내용은 사이트에 인터넷 이용자들이 찾고자 하는 것이 포함되어 있다는 것을 의미하므로 더욱 신뢰감을 줄 수가 있다. 실제로 인터넷 이용자들은 제목과 설명에 검색어가 포함되어 있는 검색 결과를 50% 이상 클릭한다는 조사결과가 있다.

숫자, 영어를 조합하여 제목과 광고문구를 작성하여 눈에 잘 보이게 하라. 사이트의 지역적인 특성이 있다면 광고문구에 추가하여 불필요한 클릭을 막고, 비용을 절약하자. 자세한 정보를 제시하면서 정확한 타깃팅 광고를 진행하자.

사이트 제목과 광고문구를 구체적으로 알아보자

사이트 제목
· 사이트상에서 확인되는 업체명이나 사이트명을 기본으로 작성한다.
· 띄어쓰기 포함 15자 이내로 제한된다. 쉼표, 마침표 포함
· 기존 광고주가 사용중인 사이트 제목은 사용이 제한된다.
  (단, 사이트명이 사업자등록증의 상호명으로 증명되거나, 해당업체가 상표권을 가지고 있는 경우 예외)
· 각종 특수 문자의 사용은 제한된다.
· (주), 주식회사, 사단법인 문구는 표기되지 않는다.
· 연락처 정보주소, 전화번호, 주식종목 코드 등는 표기가 불가능하다.

네이버, 구글에도 없는 인터넷광고마케팅을 컨설팅하라

사이트 설명문구

- 띄어쓰기 포함 45자 이내로 제한된다. 쉼표, 마침표 포함
- 최상급최고, 최대, 가장 등 표현은 제한된다.
- 각종 특수 문자의 사용은 제한된다.
- 기존 광고주와 동일한 문구는 사용할 수 없다.
- 연락처 정보주소, 전화번호, 주식종목 코드 등는 표기가 불가능하다.

부가정보

- 회사소개, 제품소개, 상품안내, 취급품목, 추천상품, 서비스, 수강과목, 이벤트, 할인 등의 홍보내용을 게재할 수 있다.
- 띄어쓰기 포함 45자 이내로 제한된다. 쉼표, 마침표 포함
- 연락처 정보주소, 전화번호, 주식종목 코드 등는 표기가 불가능하다.

URL과 랜딩페이지

- 사이트 접속 시 반드시 기재한 URL로만 연결되어야 한다.

  표시 URL은 제목과 광고문구를 노출할 때 보여지는 홈페이지 주소를 말한다. 그러나 클릭을 할 때면 홈페이지 첫페이지가 아닌 세부페이지 즉, 검색어 관련 페이지로 창이 열린다. 이것을 랜딩페이지라고 한다.

  관련 컨텐츠가 있는 곳으로 걸어 놓을 때 판매 및 체류시간이 길어진다. 광고를 하려는 홈페이지의 첫 메인 페이지로 광고를 걸어놓지 말고, 검색한 키워드와 연관이 있는 곳에 걸어 두는 것이 좋다.

예를 들면, 비키니를 검색할 때 여성의류사이트의 첫페이지가 아닌 비키니가 있는 페이지로 바로 걸어두면 구매력이 높다. 초기 이탈률을 방지하는 하나의 방법이며, 광고비용을 줄일 수 있는 효과를 준다.

· 랜딩페이지 최적화Landing page optimization; LPO

검색엔진, 즉 검색광고를 통해 접속하는 유저가 최초로 보게 되는 웹페이지를 랜딩페이지라고 한다. 유저가 검색한 키워드에 맞는 페이지로 연결을 할 경우 구매 전환이 높다고 측정되었다. 대부분 메인페이지를 통해 세부페이지까지의 번거로움을 한번에 해결한다는 인터넷 마케팅 과정 중 하나다.

유저가 원하는 웹페이지를 찾을 때, 메뉴나 사이트 검색 기능 등이 충실하지 않을 경우, 유저는 원하는 웹페이지를 찾는 것을 단념하고 다른 사이트로 이동을 해버리는 경우를 많이 볼 수 있다. 그러한 이유로, 다른 사이트로 이동하지 않도록 랜딩페이지에서 목적 페이지로 간단히 이동할 수 있도록 최적화하는 것이다. 구매율을 상승시키는 효과적인 방법이 랜딩페이지 최적화다.

온라인 유통업체들은 광고투자를 확대하고 있지만 사이트를 방문한 고객을 구매로 연결시키는 '랜딩페이지' 관리에는 소홀한 것으로 나타났다.

네이버, 구글에도 없는 인터넷광고마케팅을 컨설팅하라

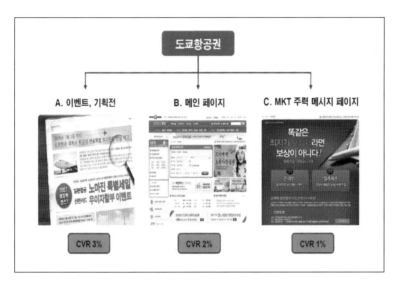

〈 랜딩페이지 최적화 〉

　심플렉스인터넷이 온라인 유통업체 5개를 대상으로 서면 조사
한 결과, 랜딩페이지를 수시로 개선 및 관리하는 업체는 전체 중
12%6개사에 불과했다. 오픈마켓, 종합쇼핑몰 등 대형업체들도 마
찬가지였다. 반면 대다수 업체들이 매년 광고비 집행은 늘리고 있
다고 답변했다.

　막대한 광고비를 들여서 방문객을 끌어들이는 데는 집중하고
있지만, 구매로 이어지도록 하는 프로세스에 신경 쓰는 업체는 별
로 없다는 말이 된다. 국내 업체들이 '키워드광고를 위한 세부키
워드 확장과 광고문구 작성'에는 강점을 가지고 있지만 '고객의
검색 의도와 결과가 일치하도록 랜딩페이지를 구성'하는 것에는
상대적으로 취약하다는 결론을 내릴 수 있다.

따라서 캠페인(이메일, 배너광고, 키워드광고 등)에 대한 랜딩페이지 효과측정 및 분석을 통해 효율성 높은 마케팅 활동이 반드시 필요하다.

CTR을 향상시키고, 단가를 낮추는 광고문구 전략 및 사례

검색결과를 선택하는 기준은?

OMS 2008, T&D의 사이트 선택 영향도 조사 보고서에 따르면, 사이트의 이름이나 제목을 보고 클릭(46.6%), 설명문구를 보고 클릭(28.4%), 검색 순위를 보고 클릭(16.5%), 특별한 기준 없이 클릭(8.5%)한다고 나타났다. 결론은 75%가 제목 및 설명문구를 보고 포털의 검색결과를 선택하고 있다.

사례1 결과 : 온라인서점

키워드 유형	키워드	설명문구 Winner
브랜드 키워드	○○○도서	가격정보(할인, 가격정보)
검색 키워드	도서 판매	이벤트정보(경쟁력 있는 프로모션 효과적)
일반 키워드	베스트셀러	키워드정보
구매 키워드	도서가격비교	(키워드에 대한 상세한 정보제공)
비브랜드 키워드	인터넷 서점	이벤트 마감일 강조
세부키워드	호주워킹홀리데이	(이벤트 마감을 알리는 설명문구)

네이버, 구글에도 없는 인터넷광고마케팅을 컨설팅하라

사례2 결과 : 치과(의료법으로 가격정보 노출은 조심해야 함)

키워드 유형	키워드	설명문구 Winner
브랜드 키워드	강남 ○○치과	지역정보(구체적인 지역정보)
검색 키워드	교정 전문 치과	가격정보(진료 과목의 가격정보)
비브랜드 키워드	분당 치과	경쟁력 있는 서비스
구매 키워드	치아 교정 비용	(해당 치과만의 경쟁력 있는 서비스 정보)

클릭률을 높이는 광고 문구 작성법

· 최상급 수식어 사용 금물(단, 증명이 가능하면 OK)

예) 유일한, No1, 최고 등

· 제목과 설명문구 모두를 포함한 키워드

예) 제목: 〈키워드〉, 광고문구: 〈키워드〉

· 언론에 소개된 것 반영

예) 네이버 카페1위, 고객만족대상, SBS방송

· 설명문구의 유사어 이용

예) 대표, 초특가, 할인중

· 이벤트 및 프로모션 활용

예) 20%할인, 사은품 증정

· 설명문구 앞, 뒤 순서 변경

예) 호주워킹홀리데이 20%할인 → 20%할인, 호주워킹홀리데이

· AD Creation 4P 사용

예) Product, Price, Place, Promotion

키워드광고의 날개,
최적화된 홈페이지 전략_{사이트 컨설팅}

홈페이지는 온라인 키워드광고의 핵심이다. 인터넷 검색 엔진 구조를 이해하고, 홈페이지의 영향력을 고려한다면, 홈페이지의 기획 설계단계부터 최적화 및 검색엔진구조화를 진행해야 한다. 그래야 검색엔진에서 자연적으로 각 기업의 제품이나 서비스에 해당하는 검색어를 조회할 때, 순수검색결과에 우선적으로 노출된다. 홈페이지의 최적화와 구조화는 매출을 증가시키는 중요한 요인이다.

홈페이지 기획 시 체크해야 할 Best 25

① 쉬운 네임명으로 이해가 빠른가

② 컨텐츠의 분류가 잘 묶여 있는가

③ 고객이 원하는 것을 우선 순위로 만들었는가

④ 예상 방문객의 특성을 파악했는가

⑤ 경쟁사이트와 차별화가 있는가

⑥ 정보를 찾을 때 동선이 짧고, 쉽게 이동되는가

⑦ 자신의 위치가 어디인가

⑧ 왔던 곳을 되돌아갈 수 있는가

⑨ 사이트 특징을 살린 사이트맵이 있는가

⑩ 네비게이션 시스템이 단순한가

⑪ 중요한 기능들이 눈에 잘 보이는가

⑫ 타깃층에 맞게 그래픽 요소, 동영상, 글씨 크기가 조화로운가

⑬ 애니메이션 사용을 최대한 자제했는가

⑭ 내부 검색기능이 쉽고, 정확하게 결과를 보여주는가

⑮ 회원 가입 시 최대한 간단한 정보만 입력하는가

⑯ 비회원 가입이 가능한가

⑰ 이용자 게시판은 문제가 없는가

⑱ 게시판이나 질의 응답이 정확하고 빠른가

⑲ 지불시스템은 간단하며 신뢰성이 있는가

⑳ 로열 고객을 유지시킬 수 있는 인센티브 등의 회원서비스가 있는가

㉑ 재방문을 유도하는 서비스나 이벤트가 있는가

㉒ 주기적으로 업데이트가 되는가

㉓ 홈페이지 로그분석(방문자, 재방문 등) 측정이 되는가

㉔ 사용된 원본 이미지들은 저작권 문제가 없는가

㉕ 사이트 로딩속도는 빠른가

성공 검색엔진 사이트 등록 방법

웹페이지 제작 시 정확한 대표키워드와 사이트 이름을 기입한다. 이유는 검색로봇이 검색 키워드를 추출할 때 필요한 요소 중 하나이기 때문이다. 사이트 등록 방법은 다음과 같다.

사이트에 맞는 메타태그를 작성한다. 대문자보다 소문자로 적는다.

메인페이지나 본문에 대표키워드가 자주 나타나게 기입한다. 그러나 8번 이상 키워드가 반복되면 패널티로 검색순위를 낮추거나 삭제될 수 있다.

사이트 설명을 자세하게 적는다.

매주 정기적으로 사이트 등록을 갱신한다면 검색 결과시 앞쪽 순위를 획득할 수 있다.

Keyword 오 팀장이 간다

상상력과 창의성을 파는 구글Google

구글 코리아에서 구글 광고 활성화를 위해서 세미나를 개최했다.
구글 검색광고를 통해 성공한 광고주의 케이스를 발표하는 날인
셈이다. 많은 광고주들이 참석했다. 구글 코리아는 방문할 때마
다 자유로움의 진미를 만끽할 수 있는 곳이다. 물론, 책임감이 어
깨를 누르는 무거운 면도 있다. 이윤을 추구하는 회사에서 자유
로운 일의 뒷면에는 무거운 책임감이 따른다는 것을 망각할 수
없다.

구글 코리아는 지하철 역삼역 근처의 강남 파이낸스센터에 위치
하고 있다. 사전 예약 없이는 회사 방문이 어렵다. 세계적인 회사
인 만큼 보안도 철저하다.

세미나실에서 기다릴 때면 스크린에서 들리는 소리가 있다. 구글

의 자연스러운 광고와 구글송이다. 세미나 시작이 가까워질 때면 담당자가 퀴즈를 내면서 상품을 준다.

"구글의 뜻을 아시는 분?"

앞에서 3번째 좌측에 앉은 오 팀장이 말한다.

"구글Google은 구골googol 10의 100제곱이고, 원래 I googled it정보 검색했어입니다."

"예, 정확하게 알고 있군요. 빨강색 구글 목 베개를 드리겠습니다."

담당자는 구글의 어원을 시작으로 구글을 자랑하기 시작한다.

"2008년 9월 취업포털 잡코리아가 구직활동 중인 대학생을 대상으로 설문조사를 했어요. 가장 취업하고 싶은 외국계 기업으로 구글 코리아가 45.7%를 차지해 가장 높았다고 합니다. 이렇게 저희를 선택한 이유는 여러 가지가 있습니다. 대답보다는 "왜 안되지?"라는 질문으로 시작하여 대화를 끌어내지요. 그 안에서 해결 방법을 도출하고 혁신적Innovation인 생각을 창출합니다."

지적 호기심이 강한 메모광 오 팀장이 사전 지식을 꺼내서 질문을 한다.

"업무시간에 개인 관심 분야에 시간을 활용한다고 하던데요. 정말인가요?"

"예, 구글의 성공비결이라고 할 수 있지요. 업무시간의 20%를 개인의 관심 분야에 지원하고 있습니다. 구글의 20%로 지메일Gmail,

네이버, 구글에도 없는 인터넷광고마케팅을 컨설팅하라

구글맵스Google Maps 등을 만들어냈습니다."

오 팀장이 우스갯소리를 던진다.
"카페테리아에 있는 큰 냉장고의 음식을 무료로 주면 적자 아닌
가요?"
세미나 분위기가 웃음꽃이 피면서 구글 담당자가 한마디했다.
"양심껏 먹는 것이라 적자는 아닙니다. 저희는 냉장고 음식만 무
료가 아니라 점심도 무료로 제공하고 있습니다. 또한 회사의 주인
은 직원이며, 직원에게 감사하고 있습니다. 자기계발을 위한 기
회를 적극적으로 지원합니다."

구글은 상상력과 창의성을 파는 회사라고 생각한다. 그 창의성
에 모든 투자를 아끼지 않는다. 구글의 '20% 법칙'과 유사한 사
례가 또 있다. 포스트잇을 만든 3M은 직원들에게 '15% 룰'이라
불리는 자유시간을 주면서, 본인이 원하는 프로젝트를 진행하도
록 배려했다고 한다.

IBM의 노트북 '씽크패드Thinkpad'를 탄생 시킨 김준기의 『회사에
서 인정받는 창의성』에서 잠든 창의성을 깨우는 두뇌훈련법을 소
개했다. 그는 먼저 관찰력을 높이라고 강조한다. 가까운 일상 속
에서 다양하게 체험하고 오감을 통해서 느끼라고 했다. 또한, 자
유시간을 가지라고 권한다. 자유시간은 필요 이상으로 우리를 괴

롭히는 잡생각을 쫓아 주고 정신력을 집중시켜 업무의 효율을 향
상시키는 등 바람직한 결과를 유도한다고 했다.

인터넷광고 효과 측정

Chapter 4

인터넷광고 효과 측정,
사이트 방문자 접속분석
– 지피지기 백전불태

홈페이지 유입분석 측정

웹로그분석

홈페이지 로그분석

"오세종 팀장님 맞습니까? 아무개 소개로 전화드립니다. 대기업 계열 종합 쇼핑몰 마케팅 팀장입니다. 온라인광고 진단 및 컨설팅을 받고 싶어서 전화드렸습니다. 온라인광고비용 지출이 효과적으로 운영되고 있는지 알고 싶어요. 이번 달에 얼마나 구매전환과 매출이 발생했는지도요. 홈페이지의 유입현황과 재방문, 즐겨찾기 수를 알고 싶습니다. 검색광고는 효과가 있나요? 답답하네요."

상사에게 지적을 당한 후 하소연하듯 이야기했다.

"음~ 하나씩 설명드리겠습니다. 광고를 하는 사이트를 알려주

네이버, 구글에도 없는 인터넷광고마케팅을 컨설팅하라

세요. 매월 예산은 어떻게 되나요? 경쟁업체는 어디죠? 정확한 진단을 위해서는 광고 계정을 확인해야 합니다."

"문제가 뭔가요?"

"지금도 검색광고를 진행하고 있는데 홈페이지 로그분석이 구체적으로 안 되고 있습니다."

"로그분석이 뭐죠?"

"웹로그분석이란 실시간으로 우리 홈페이지에 유입되는 상황을 측정하는 프로그램입니다. 방문자, 재방문, 오류페이지, 키워드광고 효과, 배너광고, 바이럴마케팅 광고효과, 구매전환, 매출 등을 측정할 수 있는 중요한 프로그램입니다. 직접 ID/PW를 공개하면서 서로 로그인이 가능합니다."

"꼭 로그분석을 진행해야 하나요? 비용이 발생하잖아요?"

"비용이 들어가도 꼭 진행해야 합니다. 광고비로 10만 원을 사용해도 '로그분석'을 통해 홈페이지 유입을 측정해야 합니다. 그래야 인터넷광고 효과를 측정할 수 있고, 정확한 데이터를 갖고 있어야 웹의 운영과 마케팅 자료로 활용할 수 있는 데이터를 수집할 수 있습니다."

"어떻게 측정하는 거죠?"

"간단합니다. 로그분석 소스가 있습니다. 그 소스를 홈페이지 제작하는 분에게 공통페이지 하단 부분과 결제 완료페이지에 삽입해달라고 의뢰하면 됩니다. 즉, 측정하고 싶은 페이지에 소스를 삽입하면 홈페이지의 유입이 모두 측정됩니다. 간혹 보완 때문에 소스 추가를 꺼리는 경우도 있습니다. 그러나 측정을 통해 총 페이지뷰 수, 일평균 페이지뷰 수, 방문당 페이지뷰 수, 방문 수, 일평균 방문 수, 순 방문자, 일평균 방문자, 1회 방문자, 2회 이상 방문자, 평균 이용시간, 방문유입출처, 검색엔진 상세, 검색엔진별 추이, 검색어 상세, 유입도메인, 블로그/카페/뉴스 추출, 배너광고, 바이럴마케팅, 가격비교 사이트, 많이 찾는 페이지, 페이지별 새로고침, 시작된 페이지, 종료된 페이지, 반송된 페이지, 메뉴별 페이지뷰, 웹브라우저, 운영체제, 모니터 해상도 측정 등을 구체적으로 알 수 있습니다. 보통 이렇게 측정이 되지만, 웹로그분석 프로그램마다 측정이 다를 수 있습니다."

"어떻게 측정되는 거죠?"

"웹사이트를 방문하는 사용자의 중복되지 않는 호스트 IP주소 또는 도메인명으로 측정하게 됩니다. 유입 도메인 분석은 유입경로 없이 직접방문Bookmark 했는지, 어떤 사이트에서 얼마의 방문객을 보내주었는지 알 수 있습니다."

"그럼 먼저 로그분석을 측정하고 다시 연락드리겠습니다. 감사합니다."

"처음에는 조금 귀찮을 거예요 그래도 꼭 설치해야 합니다. 10만 원을 광고비로 사용해도 '로그분석'을 통해 홈페이지 유입을 측정해야 합니다. 잊지 마세요."

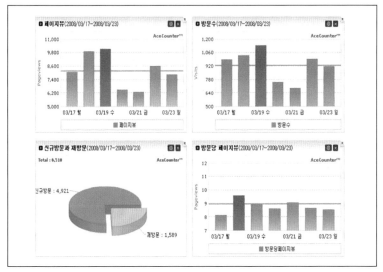

〈 실시간 홈페이지 유입분석의 로그분석1 〉

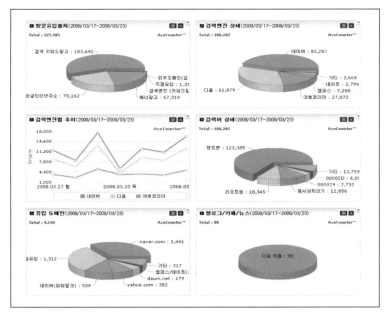

〈 실시간 홈페이지 유입분석의 로그분석2 〉

출처: 에이스카운터

인터넷광고 효과 측정, 사이트 방문자 접속분석

★ 웹로그분석 참고 사이트

www.acecounter.com 에이스카운터
실시간 웹로그분석 전문업체, 광고효과 로그분석, 방문객 접속통계, 상품 및 매출분석 안내.

www.logger.co.kr 로거
실시간 웹로그분석, 광고효과 ROI분석, 방문자 접속통계 등 VRM 로그분석 ASP 제공.

www.weblog.co.kr/ 웹로그
웹서버 로그 통계분석업체, E-CRM 분석, 쇼핑몰 경로, 이메일 분석, ASP 등 서비스.

www.cpcguard.com/ 시피시가드
실시간 사용자 맞춤형 웹로그분석 전문업체, CPC광고 분석, 접속통계,
부정클릭 알림 안내.

http://inside.daum.net/ 다음 웹인사이드
다음에서 제공하는 무료 웹로그분석 서비스

네이버, 구글에도 없는 인터넷광고마케팅을 컨설팅하라

무효클릭, 스팸클릭

의도적인 클릭 방지와 DDoS

"오 팀장님, 로그분석을 삽입한 후 홈페이지 유입을 측정하고 있습니다. 그런데 똑같은 IP로 중복 클릭된 것이 많습니다. 이건 뭐죠?"

"온라인광고 중 배너광고는 정해진 금액으로 많은 클릭을 받는 것이 효과가 좋다고 표현합니다. 반면, 검색광고에서는 클릭당 과금방식으로 클릭하면 광고 비용이 빠져 나가는 형태지요. 클릭할 때마다 비용이 과금되며 관심 있는 고객이 바로 구매할 수 있다면 광고비용을 절약할 수 있어요. 그러나 구매도 하지 않는데 의도적으로 클릭할 수도 있습니다. 이때도 과금이 발행하여 광고비용이 발생합니다."

"그럼, 의도적으로 경쟁사에서 클릭하는 게 아닌가요? 광고비용 과금이 발생하는 거 맞죠?"

"과금은 발생합니다."

"의도적인 클릭이네요. 중복 IP는 차단하면 되나요?"

"바로 차단하시면 안 됩니다. 네이버 키워드광고의 경우 '계정관리' 아래의 '광고노출제안IP관리'를 클릭하면, 광고 노출을 제한할 IP를 지정할 수 있어요. 최대 50개까지 IP주소 지정이 가능하지요. 등록된 모든 사이트는 광고 노출을 제한시킬 수 있습니다. 그러나 1분 이내로 같은 IP가 유입되는 것은 두 가지로 볼 수 있습니다. 첫 번째는 정말 의도적으로 클릭해서 광고비용을 지출시키는 겁니다. 두 번째는 중소기업 이상의 회사 대표 IP입니다. 프럭시IPproxy IP는 회사 대표 IP입니다. 즉, 개인컴퓨터는 고유의 IP가 있지만, 회사는 보안을 위해 외부 침입 차단 시스템으로 사용되고 있어요. 여러 대의 컴퓨터를 사용하지만, 외부에 노출되는 IP는 회사 대표 IP만 노출됩니다."

"그럼 어떤 게 의도적인 클릭인지 판단할 수 있죠?"

"중복되는 IP를 증거로 매체사인 네이버, 오버추어, 다음 등으로 요청을 합니다. 매체사의 기준에 따라 다시 환급이 되기도 합니다."

"오 팀장님, 의도적인 클릭 기준은 뭐죠? 다른 회사는 환불도 받는데 우리는 왜 못 받는 건가요?"

"의도적인 클릭 기준을 공개하면 이 점을 역으로 악용하는 업체

네이버, 구글에도 없는 인터넷광고마케팅을 컨설팅하라

들이 생기기 때문에 비공개입니다. 단, 최대한 중복 클릭에 분석해서 필터링하고 있습니다. 이점은 믿고 맡겨주셔야 하는 부분입니다."

"이런 부분이 있기 때문에 10만 원을 광고해도 로그분석을 설치해야 한다고 하셨군요."

"의도적인 클릭을 방지하기 위하여 로그분석을 설치하고, IP를 추적하고, 경고 팝업창을 띄우는 등 다양한 방법으로 구매자를 끌어오는데 마케팅을 설정해야 합니다. 100% 광고효과를 일으키는 광고는 없습니다. 진행하고 있는 것을 어떻게 활용하고 대처하고 이끌어가느냐가 더 중요합니다. 인터넷광고를 진행하면서 한 달 정도의 중복 IP를 수집한 내용을 매체사인 오버추어나 네이버에 증거로 제시하고 결과를 확인하는 것도 인터넷광고의 전략 중 하나입니다."

"로그분석 자료로 환급 받아 본적이 있나요?"

"○○산부인과는 오버추어로 월 약 1,500만 원을 사용했어요. 중복 IP를 별도 신청하여 100만 원 이상 환급 받은 사례도 있습니다. 그러나 요즘은 오버추어도 여러 프로그램을 이용하여 의도적인 클릭 및 중복 클릭을 최소화하고 있어서 현재는 많은 금액의 환급은 어렵습니다."

"요즘은 환급이 잘 안 되나요?"

"아니요. 환급이 되지만, 환급이 되기 이전에 매체사에서 의도적인 클릭 방지를 잘 하고 있습니다. 얼마 전에 ○○인터넷 꽃배달 업체 대표가 구속되는 사건이 발생했어요. 포털사이트의 스폰서 링크에 나타나는 경쟁사 키워드를 의도적으로 클릭했기 때문이지요. 클릭당 과금방식으로 광고비용을 차감시켜서 순위 노출이 되지 않도록 하는 범죄행위를 했습니다.

자동으로 클릭해주는 악성 프로그램을 이용하여 대표가 구속되는 사례도 있었습니다. 요즘은 좋은 프로그램이 개발되어서 필터링하고, 의심되는 IP는 별도 수사를 진행하고 있습니다. 믿고 진행하시면 됩니다."

"광고 클릭 수가 갑자기 증가하는 이유는 뭐죠?"

"특정 검색어가 언론에 보도되었거나, 검색어 순위 서비스에 노출될 경우 증가할 수도 있습니다. 물론 평소보다 증가했다면 의도적인 클릭도 고려해봐야 합니다. 그리고, DDoSDistributed Denial of Service, 분산 서비스 거부 = 분산 서비스 거부 공격, 스팸클릭도 고려해야 하지요. DDoS는 해킹 방식의 하나로 여러 컴퓨터의 공격자를 분산 배치하여 동시에 '서비스 거부 공격'을 합니다. 시스템이 더 이상 정상적인 서비스를 제공할 수 없도록 만드는 것이지요. 여러 대의 공격자를 분산 배치하여 동시에 동작하게 함으로써 특정 사이트를 공격하는 해킹 방식의 일종입니다. 정부, 금융기관, 언론사, 포털사 등 타깃이 점점 커지고 있어요.

스팸클릭=의도적인 클릭=부정클릭이란 구매하려는 의도 없이 악의적인 목적으로 일어나는 부정클릭을 말합니다. 정보를 얻거나 구매하려는 의도가 있더라도 짧은 시간 동안 무의미하게 발행하는 클릭이지요. 예를 들면, 구매의도가 있었더라도 일정 시간 내 여러 번 클릭한 경우, 대행사를 통해서 유입되는 클릭 수 작업 또는 프로그램을 통해서 대량으로 발생하는 클릭, 특정 사이트의 광고예산을 소진시키기 위한 의도적인 공격 등이라고 합니다.

무효클릭Invalid Click이란 불법적인 시스템에 의한 클릭 및 특정형태의 클릭 패턴을 분석하여 필터링된 클릭이지요. 무효클릭으로 판단될 경우 과금이 되지 않도록 하고 있습니다."

인터넷 예약, 상담, 결제
완료 페이지 중요성 네티즌행동론

인터넷 소비자는 의도적이든 우연이든 수많은 마케팅 자극에 노출되며, 그 자극 내용에 관심을 가지면 주의를 기울이고, 그렇지 않을 경우에는 무시하게 된다. 또한 주의 정도와 능력에 따라 자극 내용을 지각하고, 이에 대해 긍정적이거나 혹은 부정적인 반응을 하게 된다.

인터넷광고를 진행하여 결과를 측정하는 방법에는 여러 가지가 있다. 쇼핑몰은 제품이 얼마의 광고비용을 사용하여 매출이 일어났는지 측정한다. 즉, 홈페이지의 결제완료 페이지에 로그분석 소스를 삽입하면 매출을 측정할 수 있다.

병원과 같은 업체는 회원가입이나 예약 상담, 게시글에 소스를 삽입해서 결과를 측정하거나 홈페이지 방문객과의 대화_{실시간 상담창}는 접속자마케팅, 시피시가드, 톡플러스 등 실시간 상담창이나 실시간 채팅으로 측정하기도 한다. 병원예약, 상품구매쇼핑몰, 꽃배달업체 등 다양하게 이용이 가능하다.

실시간 상담은 실시간으로 이용이 되어야 효과를 볼 수가 있다. 이런 소비자들의 결과치를 측정하려면 소비자들의 행동을 파악해야 한다.

인터넷마케팅과 함께 진화하는 소비자행동론은 "AIDMA ⇨ AISAS ⇨ AISCEA"이다.

① 전통적인 소비자 구매행동 모델은 AIDMA이다. AIDMA 법칙은 미국의 경제학자 로랜드 홀 박사에 의해 제창되어 마케팅의 주요한 이론 중 하나가 되었다.

AIDMA

· Attention주의 : 제품이나 서비스를 파악하고 주목하게 된다.

· Interest흥미, 관심 : 그 제품이나 서비스에 흥미나 관심을 가지게 된다.

· Desire욕구 : 그 제품이나 서비스를 구입하려는 의사나 잠재의식이 있다.

· Memory기억 : 어떠한 계기로 구입하기 위해 의식 안에 기억한다.

· Action행동, 구입 : 계기가 있다면, 기억에서 관련 제품/서비스

를 생각해내어 구입하게 된다.

② AISAS는 인터넷을 활용한 새로운 소비자행동 프로세스를 따르고 있다. 덴츠가 제창하여 2005년 6월에 상표로 등록했다.

AISAS

· Attention인지 : 제품이나 서비스를 파악하고 주목하게 된다.
· Interest흥미, 관심 : 그 제품이나 서비스에 흥미나 관심을 가지게 된다.
· Search정보탐색 : 흥미를 가진 제품/서비스에 관해서 인터넷으로 상세 정보의 취득한다. 가격 비교 등을 실행하여 희망 상품을 기억한다.
· Action구매 : 계기가 있다면, 기억에서 관련 제품/서비스를 생각해내어 구입하게 된다.
· Share정보공유 : 구입한 제품/서비스에 관한 사용법, 특징, 애프터서비스 등의 감상을 블로그나 게시판 등에 공개하여 다른 사람과 정보를 공유한다.

인터넷 검색광고의 구체적인 Process는 Site Review ⇨ Keyword ⇨ Product, AD Position, Landing Page, T&D ⇨ Tracking & Analysis순이다.

③ 세분화된 소비자행동모델 AISCEA

일본의 안비커뮤니케이션즈의 망야카즈미 사장이 제창한 개념으로, 아이사스 모델의 S와 A 사이에 'Comparison비교'와 'Examination검토'를 추가한 것이다.

AISCEA

· Attention주의 : 제품이나 서비스를 파악하고 주목하게 된다.
· Interest흥미, 관심 : 그 제품이나 서비스에 흥미나 관심을 가지게 된다.
· Search검색 : 흥미를 가진 제품/서비스에 관해서 스스로 인터넷으로 상세 정보 취득한다.
· Comparison비교 : 인터넷으로 수집 가능한 정보의 범위 내에서, 유사 상품/서비스의 특징, 가격, 기능 등을 비교한다.
· Examination검토 : 어떤 상품을 어느 숍에서 구입할까를 검토해 기억에 남긴다.
· Action행동, 구입 : 계기가 있다면, 기억에서 관련 제품/서비스를 생각해내어 구입하게 된다.

Marketing Sherpa E-Commerce Benchmark Guide에 따르면 쇼핑몰 장바구니 포기률이 59%라고 한다. 이는 소비자가 결제 과정이 불편하다고 느낀다는 반증이다. 따라서 카드결제는 간단한 정보 입력만으로 진행이 가능한지 체크해야 한다.

회원가입도 중요하지만, 홈페이지의 결제페이지를 체크해야 한다. 인터넷 결제시스템부터 비회원 카드, 무통장 입금처리까지 확

인을 한다. 실제로 직접 결제를 해보고, 매출 및 구매전환 수가 측
정이 되는지 확인하자. 그리고 카드 적립 및 무이자 할부를 확인
하자.

경쟁사와 자사의
인터넷광고 현황 분석법

온라인광고 진행매체의 키워드, 광고문구
추출방법

경쟁업체의 사이트 주소만 있다면 그 업체의 광고매체, 키워드, 광고문구를 뽑아낼 수 있다. 후발업체들은 선발업체의 광고 현황을 파악하는 것만으로도 기획에 도움이 된다.

배너광고의 예산, 이미지, 동영상을 진행한
매체 추출방법

인터넷에서 접하는 이미지나 동영상을 집행한 광고 현황을 볼 수 있다. 즉 예산, 시기, 진행매체, 진행한 이미지, 동영상을 볼 수 있다는 의미다. 국내/해외 광고, 판촉광고 등 업종별, 브랜드별로 확인할 수 있다. 또한 업종, 품목, 회사명, 기간, 브랜드명, 광고명, 광고주 사이트, 진행한 이미지, 플래시 동영상, 마케팅유형판촉, 경품, 쿠폰, 집행금액, 광고 노출 위치도 파악 가능하다.

경쟁사 배너광고 진행 현황을 살펴보면 News Media 카테고리에 chosun.com 20,564,000원, donga.com 62,444,000원, joins.com 58,585,000원 등 어느 매체에 광고를 진행했는지 기간별 예산, 진행한 이미지를 자세하게 파악할 수 있다.

사이트의 지표, 순위, 이용자 정보 추출방법

Daum 디렉토리검색은 인터넷 사이트를 정보 속성에 따라 카테고리별로 분류하였다. 매주 업데이트되는 서비스로 기간별 사이트의 지표, 순위, 페이지뷰, 순방문자, 인당 체류시간, 이용자 정보, 성별 고객분석, 연령대별, 하위사이트, 유입사이트분석, 유출사이트분석, 검색엔진별 유입검색어, 첫화면 히스토리, 연관사이트를 파악할 수 있다.

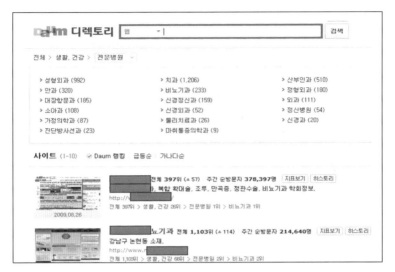

〈 다음디렉토리 〉

다음의 트렌드차트로 검색어마다 트렌드 동향을 그래프로 추출하는 방법

이용자가 검색한 수치를 바탕으로 6개월 동안의 검색어 동향을 그래프차트로 알기 쉽게 보여주는 서비스다. 또한 로그인 이용자를 분석하여 성별, 연령별, 지역별 분포를 분석한다. 그리고 차트 비교분석을 원한다면 'vs'를 넣고 검색한다.

예를 들면 '오세종 트렌드차트'라고 다음 검색창에서 검색해보자. 다음의 검색추이, 성별, 연령, 지역을 그래프로 파악할 수 있다.

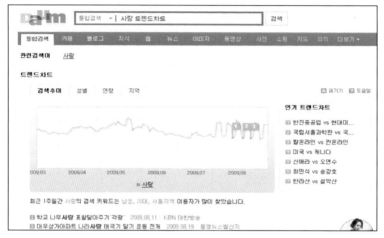

〈 사랑 트렌드차트 〉

'정형외과 vs 산부인과 vs 치과' 라고 다음 검색창에서 검색해
보자. 다음의 검색추이, 성별, 연령, 지역을 그래프로 파악할 수
있다. '사랑 vs 이별'도 아래와 같이 그래프로 파악된다.

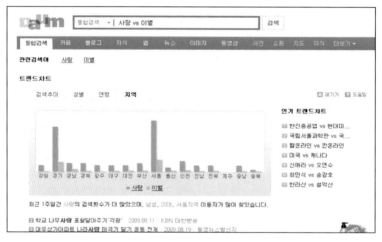

〈 사랑 vs 이별 〉

네이버, 구글에도 없는 인터넷광고마케팅을 컨설팅하라

★ 참고 사이트

www.searchian.com 서치안
검색엔진분석, 사이트 광고현황 파악(키워드, 광고문구, 매체 등)

www.adram.co.kr 애드램
인터넷광고 통계관리 노하우, 전문가 자료수집, 배너광고 분류 및 진행 매체 분석

http://directory.search.daum.net/ Daum 디렉토리 랭킹 서비스
'다음 디렉토리'는 인터넷사이트들을 사이트의 정보속성에 따라 카테고리별로 분류하
여 제공하는 서비스다. 사이트의 순위 정보, 사용자 정보 등의 구체적인 지표정보를
매주 업데이트하여 랭킹서비스를 제공하고 있다.

자사 홈페이지와
경쟁사 사이트 순위는?

인터넷 통계청(?) 코리안클릭, 랭키닷컴

인터넷 통계청(?) 코리안클릭

코리안클릭은 온라인의 사이트의 순위, 업계 트렌드, 인터넷 서비스 동향, 포털사이트 인터넷 이용 형태 분석, 사이트 이용분석을 담당하고 있다. 유료로 가입하면 구체적인 정보도 다운받을 수 있다. 검색광고에서도 업계 트렌드나 경쟁사를 분석할 때 사용하면 좋다. 측정 항목은 트렌드 & 차트, 경쟁사 교차분석, 핵심지표 차트 등 그래프와 도표를 엑셀로 다운받을 수 있다.

네이버, 구글에도 없는 인터넷광고마케팅을 컨설팅하라

사용자 맞춤 리포트 제공 랭키닷컴

카테고리, 사이트별 순위정보를 알 수 있다. 또한 경쟁사 분석_방
문자, 트래픽, 경로 분석 등을 유료로 이용하면 더 구체적인 정보를 얻을 수
있다. 유료가 부담이 된다면 랭키닷컴 툴바를 이용해보자. 사이트
의 트래픽, 충성도, 유출입, 카테고리별 트래픽 분석, 소프트웨어
리포트 분석으로 전체순위 TOP 100을 회원에 따라 볼 수 있도록
차별화했다.

랭키닷컴 툴바

사이트 순위검색은 검색영역에서 사이트명, 기업명, 분야명을
입력하면 해당 사이트의 정보를 볼 수 있다. 제공정보는 사이트
명, 주URL, 부URL, 분야, 전체/분야순위, 서비스 내용 등이다.

오버추어, 네이버, 다음의 키워드 단가 비교
유엑스코리아

유엑스코리아 홈페이지에 들어가면 첫 화면에 키워드트렌드라
는 검색창이 있다.

키워드를 검색하면 오버추어, 네이버, 다음 CPC 최근 입찰가를
볼 수 있다. 또한 오버추어, 네이버, 다음의 조회수를 각각 알 수
있다. 그리고 네이버의 타임초이스 낙찰가도 알 수 있다.

성별 검색비율, 연령별 검색비율, 지역별 검색비율 등을 확인할
수 있다. 예를 들면, 키워드트렌드 검색창에 '성형외과' 검색 시

연간키워드로 강남성형외과, 코성형비용, 가슴커지기, 가슴확대수술, 돌출입수술 등이 나타난다. 또한 오버추어, 네이버, 다음의 CPC 최근 입찰가, 조회수를 그래프로도 볼 수 있다.

검색광고, 블로그마케팅, 바이럴마케팅 인터넷마케팅을 위한 검색트렌드 비교

① 인터넷마케팅을 위한 검색 트렌드 비교
② 키워드만 입력하면 해당 검색어의 연관 검색어 자동 집계 가능
③ 연관 검색어를 클릭하면 오버추어, 타임초이스, 클릭초이스 입찰가 비교가 한눈에 가능
④ 키워드별 월간 조회수를 비교하여 최상의 마케팅 영역 결정이 가능
⑤ 일자별 오버추어 입찰가 비교 차트를 이용하면 검색광고 예산 수립 활용이 가능
⑥ 업종에 맞는 지역별, 성별, 연령별 타깃 고객의 검색 패턴 미리 파악 가능
⑦ 오버추어, 네이버, 조회수 대비 광고 예산 파악 가능

★ **참고 사이트**

www.koreanclick.com 코리안클릭
인터넷 리서치, 인터넷 사용자 프로파일 정보

www.rankey.com 랭키닷컴
툴바를 이용하면 순위 전체순위, 로딩시간 확인가능

www.uxkorea.com 유엑스코리아
키워드 단가와 트렌드(네이버, 오버추어, 다음) 데이터분석 프로그램 개발 전문 기업

경쟁사의 광고 꿰뚫어보기

온라인광고 덕분에 매출이 증가한 화장품회사 사장님과 저녁식사를 하게 되었다.

"경쟁사는 어떻게 온라인광고를 하는지 알 수 있을까요? 월 광고예산, 클릭수, 클릭율 등이 궁금하군요."

"알 수 있습니다. 그러나 100%는 아닙니다. 검색광고의 경우는 카테고리별 평균데이터는 알 수 있습니다."

"구체적으로 알 수 있나요?"

"서치안 사이트에서는 키워드 현황과 키워드 광고문구를 추출할 수 있습니다. 어느 정도 트래픽이 존재하고 최근 6개월 이내에 광고를 진행하고 있다면 추출이 가능합니다. '검색광고 컨설팅 솔루션 서치안'은 유료이며, 검색광고 집행 현황, 동일 업종 내 광고 집행 현황, 광고주별 T&D 집행 현황, 키워드 지표 추이, 키워드별 트렌드 분석 등을 알 수 있습니다."

"배너광고도 집행 내역을 알 수 있나요?"

"배너광고는 유료 사이트인 애드램을 통해 알 수 있고, 광고 통계 관리 및 광고 검색엔진을 통해 통계자료를 전달하고 있습니다."

"그렇군요, 그렇다면 우리에게 적당한 경쟁사 자료가 있나요?"

"사장님 회사에 맞는 경쟁사 자료는 없습니다. 다만, 유사업종들이 어떻게 진행하는지 확인하시고, 회사에 맞는 계획을 세우는 것이 좋습니다. 후발업체일 경우 선발업체가 어떻게 진행하는지 알고 있다면, 인터넷광고마케팅을 계획할 때 수월하죠. 경쟁사 자료를 통하여 우리의 위치를 알고 앞으로의 계획을 세우는 거죠. 참고자료로 보시면 되겠습니다."

"경쟁업체 및 자사를 구체적으로 어떻게 분석하면 될까요?"

"마케팅 전략을 수립하는 기법으로 SWOT를 활용하시면 됩니다. 내부환경과 외부환경을 분석하는 거지요. 즉, Strength 강점, Weakness 약점, Opportunity 기회, Threat 위협으로 나눠서 분석하세요. 광고를 진행하면서 중간중간 고객과의 집중적인 대화를 통해 정보를 찾아내는 표적집단 면접법FGI; focus group interview을 진행합니다. 또한 설문지도 이용하시는 것이 좋습니다. 설문지를 지면으로 하면 좋겠지만, 홈페이지 상에서 투표식으로 팝업창을 이용하여 끌어내는 것도 좋은 방법입니다."

"덕분에 회사 매출도 오르고, 좋은 말씀도 듣는 의미있는 시간이었습니다. 감사합니다."

포털 무료 광고

Chapter 5

포털에서 거침없이
무료 광고로 쌩쇼를 하라

인터넷 공짜 광고
교육 센터

　종합쇼핑몰의 인터넷 마케팅 담당자에게 메일이 왔다. 온라인 광고에 대한 지식을 더 쌓고 싶은데 추천해줄 만한 도서, 사이트, 블로그, 오프라인 교육이 있냐고 물었다. 메일을 읽고, 그 담당자에게 연락했다.

　"안녕하세요, 오 팀장입니다."

　"안녕하세요, 팀장님. 메일 읽고 전화주셨죠? 검색광고, 배너광고, 바이럴마케팅 등 자료가 많이 부족하네요. 오프라인 과정이나 교육을 받을 수 있는 사이트나 블로그 없나요?"

　"인터넷광고 관련 도서는 이론적인 내용뿐이고요, 검색광고, 배너광고, 바이럴마케팅 등 인터넷광고를 컨설팅할 수 있는 도서는 출판되지 않았습니다. 아직까지 실무에 바로 적용할 수 있는 도서는 없어요. 그러나 인터넷상에서 오프라인 교육이나 매체 자체에서 교육하는 세부 교육이 있습니다. 예를 들면, 네이버 키워드광고 교육센터가 있습니다. 온라인 오프라인 교육을 함께할 수 있어서 활용도가 높습니다."

"네이버는 검색광고, 지식쇼핑만 진행하는 것 아닌가요?"

"아닙니다. 검색광고가 중심이지만, 세무, 법률, 회계 등의 지식도 초청강사를 통해 함께 습득할 수 있습니다. 또한 검색광고를 중심으로 담당 SEMSearch Engine Marketer을 통해서 교육을 받을 수도 있습니다. 사람마다 능력의 차이는 있지만, 기본적인 내용을 숙지하고 있으면서 실전 경험이 풍부합니다. 인터넷에서 무료로 강의 및 자료를 얻을 수 있는 곳도 있습니다. 이 부분은 메일로 드리겠습니다."

"인터넷광고 교육이 무료라고요. 꼭 보내주세요."

★ 참고 사이트

www.kobaco.co.kr 코바코; 한국방송광고공사
방송광고, 공익광고, 연구소, 광고도서관, 광고박물관

www.adic.co.kr 광고정보센터
광고계동향, 광고 및 마케팅자료, 광고문헌, 강좌안내, 채용정보

www.nasmedia.co.kr 나스미디어
배너광고의 회사인 나스미디어는 온라인광고를 연구하고, 컨퍼런스를 열기도 함

http://saedu.naver.com/index.nhn 네이버 키워드광고 교육센터
네이버의 키워드광고 자료, 오프라인 교육 자료 확인 가능

http://blog.naver.com/luckeyword 네이버 키워드광고 공식 블로그
네이버 키워드광고 관련 자료 수집

http://blog.daum.net/daumad 다음 검색광고 공식블로그
다음 검색광고 관련 성공 사례

http://adwords-ko.blogspot.com/ 구글 애드워즈 공식 블로그
구글 검색광고 사용법, 관련 자료

https://sites.google.com/site/agencyko/ 구글 에이전시 사이트
카테고리 리더 스냅샷, 교육자료

http://www.webaward.co.kr/kipfaedu/index.asp
웹어워드 인터넷 전문가 교육
웹사이트 평가 시상행사, 인터넷 전문가 교육, 소셜미디어, 모바일웹 등 교육

검색광고의 비밀 ; 놓치고 있는 광고

검색광고의 가장 강력한 위치인 상단의 광고비
오히려 더 저렴할 수도 있다는 사실!

스폰서링크1순위:
600원

CC 1순위: 1,170원

"세상에 공짜는 없다
배우고, 익히고, 실천하라"

NAVER

내가 쓴 글은 왜
검색이 안 되는 걸까?

검색엔진최적화

검 색 엔 진 최 적 화
(Search engine optimization: SEO)

자연스러운 검색 결과를 통해 검색엔진이 웹사이트로 유입되는 트래픽의 질과 양을 개선하는 작업이다. 검색엔진최적화란 '검색엔진이 좋아하는 형태로 홈페이지를 만들어서 목표한 키워드 검색결과에서 높은 순위에 나오도록 하는 작업'을 말한다. 때로는 검색엔진 상위등록이라는 말로 표현하기도 한다.

『고객을 끌어오는 검색엔진최적화Search engine vicibility』라는 책에서 쉐리 써로우는 효과적인 웹사이트를 만들기 위한 검색엔진 친화적인 사이트의 카피 작성법, 디자인법, 모범사례를 중심으로 보여주고 있다. 또한 검색엔진최적화에서 해야 할 일과 하지 말아야 할 일도 자세하게 보여준다.

"웹디자인의 규칙은 읽기 쉬워야 한다. 네비게이션이 쉬워야 한다. 검색이 쉬워야 한다. 레이아웃과 디자인에 일관성이 있어야 한다. 다운로드가 빨라야 한다"고 한다.

검색엔진최적화SEO는 자신이 목표로 하는 키워드를 가지고 검색엔진이 순위를 매기는 방식에 맞게 컨텐츠를 만드는 것을 말한다. 이것은 홈페이지 뿐 아니라 블로그, 지식검색, 카페 등 검색엔진이 관리하는 모든 검색 영역에서 적용할 수 있는 전략이다.

물론 검색엔진에 따라, 접근하려는 영역에 따라, 키워드 상황에 따라 상세한 적용 내용은 차이가 있지만 기본적인 원리는 같다. 예를 들면, 검색엔진은 어떻게 1등과 10등의 순서를 배열할까? 왜 경쟁자의 홈페이지가 우리보다 상위에 노출될까? 블로그나 지식검색에서도 첫페이지 상위에 노출될까? 검색광고와 검색엔진최적화를 어떻게 조화시킬 수 있을까? 검색엔진최적화와 검색엔진 스팸불법 조작은 무엇이 다를까? 한 페이지가 아니라 사이트 전체가 잘 나오게 하는 방법은 없을까? 이러한 문제들을 해결할 수 있다.

검색엔진 작동 순서는 찾은 문서를 '우선 순위'에 따라 나열한다. 우선 순위 배열 원칙을 '랭킹 알고리즘Ranking Algorithm'이라고 하는데 검색엔진마다 순위 결정 항목과 적용이 차이가 있다. 그러나 출현 위치와 출현 회수, 링크 인기도와 클릭율로 결정된다. 검색엔진 등록 상황순위, 문구을 점검하거나 메인페이지를 검색엔진에 맞게 꾸며야 한다.

　네이버 검색엔진은 '정확도' '최신순' 으로 노출된다. 꾸준한 글을 사진과 함께 작성해서 올리면 상위에 노출될 확률이 높다. 작성할 때는 제목, 본문, 태그에 꼭 핵심키워드를 추가하라.

★ 참고사이트

www.seoworkshop.co.kr/index.php　검색엔진최적화 마케팅 워크샵

네이버, 구글에도 없는 인터넷광고마케팅을 컨설팅하라

공짜 홈페이지 분석과
무료 상담 채팅창

홈 페 이 지 방 문 자 분 석

(트 래 픽 , 이 동 경 로 , 페 이 지 , 효 과 분 석)

"내 사이트의 방문자는 얼마나 될까?"

"어떤 경로를 통해 홈페이지를 방문하고, 또 어느 부분에서 빠
져 나갈까?"

"홈페이지에서 얼마나 오래 머물다 나갈까?"

"어떤 키워드로 방문을 할까?"

"ROI 분석?"

"어떤 매체네이버, 다음 등에서 많이 방문할까?"

"지금 진행하고 있는 광고는 효과가 있는 걸까?"

"홈페이지 재방문은 얼마나 될까?"

"홈페이지의 인기 세부페이지는 무엇일까?"

이런 부분을 해결해주는 것이 홈페이지 로그분석이다. 로그Log
는 항해일지, 일기라는 뜻이다. 대표적인 로그분석 프로그램 회사
로는 에이스카운터, 로거, 접속자마케팅 등이 있다. 이 회사의 프
로그램을 이용하려면 유료로 홈페이지의 페이지뷰PageView에 따라
금액이 측정된다.

페이지뷰란 홈페이지 방문자가 웹페이지를 열어본 횟수를 이야
기한다. 즉, 한 방문자가 20개의 웹페이지를 열어보았다면 페이지
뷰는 20이 된다. 한 달 동안 방문자의 홈페이지 페이지뷰를 합쳐
서 월페이지뷰 기준으로 요금을 결정한다.

광고대행사를 이용하면 광고주를 대상으로 무료로 로그분석 프
로그램을 제공해준다. 단, 동시접속자나 페이지뷰가 너무 많을 경
우 별도 비용을 지불하기도 한다.

그러나 적은 광고비용을 이용하면서도 홈페이지를 무료로 분석
할 수 있다. 바로 '웹인사이드' 웹로그분석 서비스다. 웹인사이드
는 포털 다음에서 제공해주는 무료 웹로그분석 서비스다. 포털 다
음의 업종별 트래픽 현황을 파악할 수 있다.

★ 참고사이트

http://inside.daum.net/dwi/top/Top.dwi 홈페이지 무료 로그분석

홈페이지 방문객과의 대화(실시간 상담창)

홈페이지로 유입되는 방문객 즉 고객과 실시간 채팅이 가능하다. 이 채팅창은 병원의 실시간 예약이나 고객불만을 실시간으로 처리할 수 있어서 활동 범위가 다양하다.

접속자마케팅, 시피시가드, 톡플러스 등의 회사들이 홈페이지에서 실시간 상담창으로 실시간 채팅이 가능한 프로그램을 가지고 있다. 각 업체마다 2일~14일정도 무료로 이용할 수 있다. 상담창을 이용하기 전에 꼭 무료 사용을 해보고 이용하기 바란다. 톡플러스는 무료로 진행이 가능하며, 실시간 상담창을 이용할 수 있다. 병원예약, 상품구매쇼핑몰, 꽃배달업체 등 다양하게 이용 가능하다.

실시간 상담으로 고객이 질문을 했다면 바로 답변해주어야 한다. 질문을 받았지만 즉각적으로 답변할 자신이 없다면 처음부터 상담창을 이용하지 않는 것이 좋다. 이유는 죽어있는 사이트로 오해할 수 있고, 고객의 불만이 더 쌓일 수 있기 때문이다. 즉, 실시간 상담은 실시간으로 이용이 되어야 한다.

★ 참고사이트

http://tocplus.co.kr/mainPage.do
홈페이지 방문객과의 대화(톡플러스 실시간 무료 상담 프로그램)

꽃보다 광고마케터 SEM에게
Free 컨설팅을 받아라

광고마케터 AEAccount executive는 광고대행사와 광고주와 협력 관계이면서 광고 계획에 참여하는 대행사의 책임자다. 광고마케터마다 능력 차이가 존재한다. 어떤 광고마케터는 검색키워드 부분만 제안하기도 하는데 그것은 능력이 없다는 반증이기도 하다.

전문적인 인터넷광고마케터라면 검색광고를 중심으로 배너광고, 바이럴마케팅카페, 블로그, 트위터, 페이스북, 모바일 그리고 홈페이지 컨설팅까지 컨설팅할 수 있는 사람이어야 한다. 인터넷광고 지식을 알고 있으면서 광고주에게 컨설팅을 못 해주는 것과 모르면서 광고주에게 안 해주는 것은 회사 매출이 있고, 없고의 차이와 같다.

온라인 마케팅에 관심이 있는 독자라면 'SEM'이라는 단어를 들어보았을 것이다. SEM은 Search Engine Marketer의 약자로 최근 온라인 비즈니스 성공의 결정적인 요소로 떠오르고 있는 마케팅 전략을 담당하는 광고마케터 AE 역할을 한다. 이들은 검색 도구를 단순한 검색에만 사용하는 것이 아니라 적극적으로 특정 웹사이트로의 방문을 유도해서 상품을 구입하게 하는 담당자 역할을 한다.

온라인광고 매체는 크게 검색키워드광고오버추어, 클릭초이스, 구글, 배너이미지, 바이럴마케팅카페, 블로그, 뉴스PR기사, 리얼클릭텍스트, 이미지으로 나눌 수 있다. 이 모든 매체를 적재적소에 배치하여 제안하고, 이끌어갈 수 있는 사람이 진정한 광고마케터다. 즉, 온라인광고를 컨설팅해줄 인재라는 뜻이다.

이제는 전문가 시대다. 온라인광고는 온라인광고 전문가에게 맡겨야 하고, 오프라인광고는 오프라인광고 전문가에게 맡겨야 한다. 이렇듯 확실하게 구분하여 광고를 운영하는 것이 효과적이다. 대기업의 경우에는 온라인광고, 오프라인광고 담당자가 각각 일을 담당한다. 인건비를 아낀다고 "한 사람이 다 담당하면 돼"라고 생각한다면 큰 오산이다. 온라인/오프라인을 함께 진행하는 것이 시너지효과를 얻을 수 있기 때문이다.

최고의 광고마케터는 커뮤니케이션을 잘하는 사람이다. 광고주와 어떻게 커뮤니케이션을 하느냐에 따라 광고효과가 좌우되기 때문이다. 그리고 온라인광고 컨설팅을 해주면서 오프라인광고까지 확인하는 시너지효과를 가져올 수 있도록 노력해야 한다. 온라인광고의 부족한 점을 오프라인광고가 채워줄 수 있기 때문이다.

온라인광고 컨설팅 Process

신규업체 vs 기존업체

신규업체

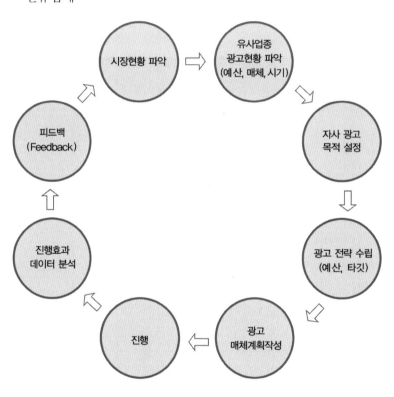

네이버, 구글에도 없는 인터넷광고마케팅을 컨설팅하라

기존업체

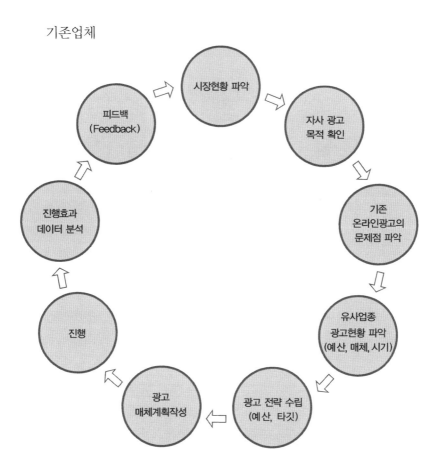

절대로 이런 인터넷광고
하지 마라

홈페이지 제작과 온라인광고 비용을 묶어서
판매하는 경우

홈페이지 제작과 온라인광고는 별도의 금액으로 책정해야 한다. 홈페이지 제작은 홈페이지 제작업체에게 맡겨야 하고 온라인광고는 온라인광고 회사에 맡겨야 한다. 그래서 별도로 세금계산서를 받는 것이 투명한 경영이다.

예를 들면, A홈페이지 제작사의 홈페이지 제작_{유지보수포함 2년}과 키워드광고 3개월 가격이 총 5천만 원이라고 가정했을 때 홈페이지 제작으로 3천만 원 사용하고, 나머지 2천만 원을 광고 비용으로 사용한다고 가정하자. A홈페이지 제작사가 5천만 원 세금계산서를 한 번에 발행하고, 광고비용은 천만 원만 사용할 수도 있기 때문이다. 이런 사고는 정말 많다. 각각 맡겨서 진행하라고 간곡히 부탁한다.

키워드광고를 패키지로 판매하는 경우

검색광고는 선불 지급으로 먼저 충전하고 차감하는 방식이다.

패키지 상품은 노출이 적고, 클릭이 저조한 키워드를 중심으로 묶어서 판매하는 경우가 많다. 꼭 월 보고서를 받아서 키워드 당 단가가 얼마인지 확인하라. 검색광고는 모두 오픈되어 있다. 아이디, 패스워드만 알면 일일, 키워드별 등등 소진된 상황을 바로 알 수 있다.

홈페이지 무료제작과 기사까지 올려준다는
광고 전화는 하지 마라

외식업 사장님을 많이 공격한다. 맛집으로 추천되었다며, 무료로 홈페이지 제작을 해준다고 한다. 유명신문사에도 올라가고, 맛집으로 선정하여 홍보 효과도 있다고 광고한다. 무료제작은 맞지만, 서버비용과 홈페이지 관리비를 별도로 내야 한다. 이런 경우는 홈페이지 업데이트가 힘들고, 담당자가 자주 바뀐다. 1~2년을 계약하면 단독 홈페이지를 제작하는 비용과 비슷한 금액이다. 차라리 블로그나 카페를 만들어서 호스팅비용, 서버비용 걱정 없이 사용하는 게 좋다.

무료 인터넷광고로 불황을 이긴다

외식창업을 준비하려는 20대 후반 청년의 진심이 담긴 메일이 도
착했다.

"오 팀장님, 외식창업으로 오리정식을 하려고 합니다. 위치는 경
기도 안성입니다. 서울에서 1시간 거리이며, 건물 뒤가 배밭입니
다. 경치가 멋있어서 결정했습니다. 그리고 상권도 좋습니다. 롯
데마트 주차장 입구쪽입니다. 그런데 어떻게 홍보를 해야 할까 고
민입니다. 처음이라 인터넷 제작비, 호스팅비, 사진촬영비 등이
만만치 않을 겁니다. 혹시 인터넷으로 무료 홍보를 하는 방법은
없을까요?"

옛날 나의 간절함을 보는 것 같아서 바로 답장을 보냈고, 못다한
이야기는 통화로 했다.

"무료로 인터넷에 광고하고 싶습니다. 도와주십시오."

"예, 메모 준비가 되었나요? 첫째, 네이버 카페를 만드세요. 네이
버 카페는 비용을 지불하여 만든 홈페이지 역할을 합니다. 호스팅
비, 제작비 등 모두 무료입니다. 하루만 투자하면 간단하게 만들
수 있습니다. 그 안에 식당 주소, 사업자번호, 대표명, 연락처를
기입하고, 약도, 실내 인테리어 사진, 건물 사진, 메뉴 사진을 올
리세요. 예를 들면, 네이버 검색창에 '구루미네일' 이라고 검색하
면 '일본 젤 구루미 네일케어샵' 사이트가 있습니다. 클릭해보세
요. 홈페이지 대신 카페를 이용하고 있습니다."

"우와~ 정말 다 무료예요. 좋네요."

"두 번째, 포털 네이버에서 만든 사이트를 무료 등록합니다. 포털 네이버는 사이트 검색등록과 지역정보 검색등록이 무료로 가능합니다. 그러나 포털 야후나 다음 같은 경우는 대행사를 통해서 유료로 사이트 등록을 할 수 있습니다. 네이버는 점유율이 높기 때문에 네이버만 하셔도 무방합니다. 네이버 사이트 검색등록, 지도 검색등록은 네이버 메인 홈페이지 제일 하단 부분에 '회사소개', '광고', '검색등록'이 있습니다. '검색등록'을 클릭하여 등록할 사이트와 전화번호를 등록할 수 있어요. 사이트 등록과 지역정보를 함께 등록할 수 있어 편리합니다.

예를 들면, 네이버에서 '안성맛집오리지널'이라고 검색하면 지도 우측으로 '오리지널' 안성오리정식집이 나옵니다. 클릭하면 다양한 사진과 내용을 무료로 넣을 수 있어요. 지역정보는 네이버 검색 시 지도검색 우측으로 업체가 나타나게 할 수 있습니다. 지도 가이드 우측으로 무순위 롤링으로 나타납니다. 상세페이지에서 이미지, 연락처, 사진 업데이트만 잘해도 효과 좋은 지역 홍보가 될 수 있습니다. 우리의 업체를 좀 더 상위에 노출시키고 싶다면 유료 광고를 이용해볼 수 있는 것이 네이버 지역프리미엄유료입니다. 네이버 지역프리미엄은 지역정보 최상단 노출, 3개 한정판매, 무순위 롤링, 이미지 동시 노출, 지도 내 업체 위치와 정보를 알려주지요. 아이콘 색깔이 달라집니다."

"사이트를 무료로 등록하고, 사진도 올리고, 완전 홈페이지와 동일한 효과를 얻을 수 있네요. 세번째는요?"

"세 번째, 지역별 시청, 구청, 마을, 아파트 별 사이트 내에 우리의 사이트를 등록합니다. 그 사이트에서도 우리의 사이트를 홍보할 수 있습니다. 지역맛집, 네일샵, 치과, 피부과 등 별도로 소개가 가능합니다. 찾아보세요."

"인터넷에 무료광고가 있는지 처음 알았습니다. 유익한 정보 감사합니다."

외식을 창업한 청년은 최소 이 3가지카페개설, 네이버 사이트 등록, 지역광고만 진행했는데 인터넷을 통해 손님이 찾아와 바쁘다고 한다. 이 3가지와 블로그를 함께 운영한다면 좋은 결과를 얻을 수 있다. 그리고 검색광고, 배너광고, 바이럴마케팅 등을 함께 진행하면 금상첨화다.

★ 참고사이트

www.webaward.co.kr
웹어워드 코리아 웹사이트 평가 시상행사, 행사일정, 후보작 등록 및 추천, 시상내역, 수상작안내, 무료등록으로 사이트를 평가를 받을 수 있다.

www.creativewebsiteawards.com
WA 보너스 탑 플래시 웹사이트와 세계 최고의 웹사이트

www.webbyawards.com
Webby Award 공식 사이트 Internet Web의 아카데미 상이라고 불리는 Webby Award는 International Academy of Digital Art and Science에서 각 분야의 550명의 웹 전문가, 비즈니스 리더, 유명 인사들이 세계 60개국에서 출품된 10,000의 웹사이트의 신청을 심사하여 결정한다.

온라인광고 대행사

Chapter 6

온라인광고 대행사와 함께
Win-Win하라

광고 대행사와
함께 일하라

대행사를 이용한다고 수수료를 지불하는 것은 아니다. 광고주는 대행사에게 아무런 비용도 지불하지 않는다. 예를 들면, 1,000만 원을 지출하는 광고주는 광고비용으로 1,000만 원을 사용하게 된다. 이때 대행사는 무료로 컨설팅을 해주고, 광고 관리를 해준다.

'그럼 대행사는 어떤 식으로 수익을 얻을까'라고 생각할 수 있다. 대행사는 매체네이버, 오버추어, 야후, 다음 등에서 광고비용에 대한 수수료를 지불받는다. 이 트라이앵글 구조가 국내 온라인광고를 이끌어가는 자금의 흐름이다.

반면, 미국, 일본 등 해외는 대행사와 함께 진행할 때는 광고비용과 별도 대행수수료를 포함하여 지불하게 되어 있다. 광고컨설팅은 광고의 지식을 공유하고, 회사의 발전 방향을 전달하는 것으로 별도의 대행수수료를 지불하는 것이 맞다.

국내 어느 대학병원에서는 병원 내부에서 광고 담당자를 별도로 뽑는 인건비 대신 광고 대행사에게 모두 맡기고 있다. 그리고 컨설팅 비용을 함께 지불한다. 국내에서는 극소수의 대행사가 대행 수수료를 포함하여 광고 비용을 받고 있지만, 앞으로는 이러한 현상으로 진행될 것이다.

광고 대행사도 여러 종류가 있다. 종합광고회사Full Service Agency는 광고주를 대신하여 효과적인 광고물을 기획, 제작하여 적절한 매체와 접촉하여 매체 집행하는 것을 전문으로 하는 기업조직체다. 광고 기획 전략Advertising Plan / Strategy으로는 적정한 광고메시지를 적정한 매체를 통해 청중들에게 전달하기 위한 광고활동을 계획, 카피, 매체 등의 종합적인 기본 방향을 수립한다.

또한 광고기획의 평가, 수립, 예산설정, 광고 메시지의 고안, 광고 매체계획, 통합적 마케팅 커뮤니케이션 등의 업무도 수행한다. 매체대행은 광고주나 광고대행사를 대신하여 광고지면, 매체선정, 광고시간을 구입해주는 업무를 하는 회사이다.

국내 광고주 입장에서는 한 사람의 인건비를 줄이면서 광고 대행사를 이용한다면, 무료 인건비, 무료 컨설팅, 무료 대행수수료 등 여러 장점을 얻을 수 있다. 또한 광고의 효과를 긍정적으로 만들어낼 수도 있다. 최고의 광고효과를 도출하기 위해서는 광고주와 대행사가 하나의 목소리를 내야 한다. 그렇게 되면 온라인과 오프라인광고를 진행하면서 광고효과를 얻으면서 광고상까지 얻을 수 있는 1석 2조의 효과를 끌어낼 수 있다.

광고주와 대행사가 뭉쳐야 한다. 온라인/오프라인광고를 제작할 때나 홈페이지를 제작할 때 서로 배려하면서 좋은 아이디어를 뽑아낸다면 해외까지 광고할 수 있는 기회가 생긴다. 한번 제작한 광고가 국내와 해외를 거쳐 광고제를 통해서 또 다시 큰 광고효과를 얻을 수도 있다는 말이다. 세계 3대 국제 광고제의 스타일과 기준 그리고 상을 받은 업체를 연구한다면 좋은 결과를 얻을 수 있을 것이다.

★ 참고사이트

www.canneslions.com, http://canneslions.co.kr(한국사무국)
칸 국제 광고제(Cannes International Advertising Festival)

www.clioawards.com 클리오광고제(Clio Awards)

www.newyorkfestivals.com 뉴욕페스티벌(New York Festivals)

www.busanadstars.org
부산국제광고제(온라인과 오프라인에서 함께 열리는 세계 최초의 Convergence 광고제)

www.psafestival.or.kr
대한민국 공익광고제(한국방송광고공사 KOBACO) 주최 및 주관

온라인광고 대행사 선정 시 체크사항

하느님이 세상을 창조할 때 마지막 7번째 날은 거룩하게 보내라고 했다. 이 진리를 지키고자 책을 읽으면서 조용히 지내고 있는데 모르는 핸드폰 번호로 전화가 왔다.

언제나 모르는 번호는 목소리를 쫙 깔고 전화를 받는다.

"여보세요."

"안녕하세요? L원장님 소개로 전화드린 피부과 K원장입니다."

"아~예, 안녕하세요?"

"쉬는 날인데 죄송합니다만 광고를 하려고 합니다. 광고 맡을 사람이 필요하거든요. 오 팀장님이 소개해주세요."

"사람을 바로 찾아드리기는 쉽지 않고요. 일단, 대행사를 찾아서 진행하는 것이 손쉬운 방법입니다."

"대행사는 어떻게 선정하죠?"

"정식 전문 대행사를 찾아야 합니다. 병원컨설팅이나 오프라인 광고를 한다고 해서 온라인광고를 대행하는 것은 아닙니다. 모든 것을 전문가에게 맡기듯 온라인광고만 대행하는 회사가 따로 있습니다. 오프라인광고는 오프라인에게 온라인광고는 온라인광고 회사에 맡기는 것이 효율적인 진행입니다."

L원장이 말을 아끼면서 조심스럽게 이야기했다.

"중간에 대행사가 끼면 비용을 따로 지불해야 하는 건가요? 개인병원이라서 그렇게 하려면 힘들어요."

"외국에서는 광고 대행사에게 수수료를 주고 있습니다만, 한국만 광고 대행 수수료가 무료입니다. 그래서 대행사를 이용하시는 것이 광고주에게는 이익이죠."

"그렇다면 대행사는 어떤 방식으로 수익이 나죠?"

"대행사는 매체네이버, 구글, 다음 등에서 수수료를 받고 있어요. 예를 들어, 원장님이 천만 원 광고비용을 사용하면 100% 광고비용이 천만 원이 되고요. 매체에서 대행사에게 얼마의 수수료를 주고 있어요. 매체가 대행사에게 주는 수수료는 대행사 등급에 따라서 차이가 있습니다. 결론은 원장님은 대행사를 이용하시는 것이 좋습니다."

"알겠습니다. 또 궁금한 게 있으면 연락드리겠습니다. 그리고 피부 관리 받으러 오세요."

"감사합니다."

첫째, 대행사의 홈페이지에서 실제 대행을 하는지 확인한다.

어떤 등급이든 상관이 없다. 단지 실제 제휴가 되어 있는지 확인만 하라는 것이다. 온라인광고가 가능하다는 대행사도 전체적인 온라인을 진행하지 않는다. 대행사가 다른 곳에 외주를 주는 경우가 있기 때문이다. 이는 관리가 소홀해질 수 있고, 담당자가 없을 수도 있다.

대행사 홈페이지를 보면 대행사와 매체가 제휴관계인지 로고를 꼭 확인하기 바란다.

예를 들어, 검색광고 시 오버추어 대행사 등급

－오버추어 최고 등급 대행사Overture Certified Reseller

－오버추어 우수 등급 대행사Overture Power Reseller

－오버추어 대행사Overture Reseller Program

둘째, 회사 포트폴리오photofolio와 클라이언트Client를 검토한다.

셋째, 광고비용 절차 및 세금계산서 처리를 확인해야 한다.

온라인광고는 선불 방식으로 이용되고 있다. 특별 케이스로 광고주에 따라서 선송금, 후불로 진행해야 하는 상황이 있다.

넷째, 담당자가 정해져 있는지 확인해야 한다.

광고마케터 담당자의 경력을 물어보고 2년 이상이면 괜찮다. 이유는 이직이 많은 업종으로 1년을 버티기가 쉽지 않기 때문이다. 담당자가 매번 바뀌는 대행사는 빨리 변경하는 것이 좋다.

다섯째, 온라인광고 중에서도 여러 매체가 가능한지 체크해야 한다.

검색, 바이럴마케팅, 배너, 이미지, 동영상 등등 다양한 광고가 가능한지 확인하라. 월 예산을 대략적으로 이야기하면 매체를 믹스해준다.

대행사를 선정할 때 가장 중요한 것은 온라인광고마케터AE나 검색엔진마케터SEM다. 실무담당자와 온라인광고 AE나 검색엔진마케터SEM가 서로 좋은 관계를 맺는다면 시너지 효과를 이끌어낼 수 있다. 서로 성장할 수 있도록 노력하는 파트너 관계임을 명심하라.

네이버, 구글에도 없는 인터넷광고마케팅을 컨설팅하라

온라인광고 매체를
믹스한 사례

    대행사를 선정하고, 광고마케터 담당자가 결정되었다면, 광고 컨설팅으로 들어가야 한다. 전체 예산과 목적을 중심으로 시작하게 된다. 광고주 입장으로 컨설팅한 내용을 100% 알려드릴 수 없는 점이 아쉽지만 큰 그림만 보면 어느 정도 감지할 수 있도록 표현했다. 가장 인기 카테고리인 쇼핑몰 중에서 넷북을 컨설팅한 부분을 알아보자.

    쇼핑몰은 구매전환으로 광고효과를 측정할 수 있다. 그러나 병원은 결제시스템이 홈페이지 내에 없기 때문에 광고효과를 측정하기 힘들다. 그래서 병원의 컨설팅 부분을 준비했다. 병원의 구매전환은 병원 자체로 손님의 수와 매출로 측정된다. 하지만, 홈페이지 내에서 별도로 공개되는 것은 아니다.

그렇다면 병원의 생명인 문의 게시판, 방문예약, 후기 부분을 구매전환으로 체크해야 한다. 병원의 경우 구매전환 측정을 안 하는 경우가 많다. 꼭 문의 게시판, 상담문의 등 글 작성 완료페이지에 소스를 추가하여 측정하기 바란다.

캠페인 목적	넷북보다 더 작은 소형PC 신상품 광고
캠페인 기간	2009년 10월 ~ 12월(약 3개월)
캠페인 연령 타깃	20대 초반 ~ 30대 중반 노트북, 넷북 구매자
캠페인 예산	대략 6,400만 원
캠페인 매체	검색광고 2,200만 원 배너광고 3,000만 원 뉴스PR 300만 원 바이럴마케팅 900만 원
캠페인 결과	매니아층 카페 및 블로그 생성 홈페이지 유입률 증가 게시판 질문 및 문의 전화 증가 해외 대행 업체 문의
캠페인 결론	2차로 새 브랜드 계획 준비 중

〈 넷북(온라인광고 부분) 〉

네이버, 구글에도 없는 인터넷광고마케팅을 컨설팅하라

캠페인 목적	내과 네트워크 브랜드 론칭(친근한 병원)
캠페인 기간	매월
캠페인 지역 타깃	전국 네트워크 지점별 병원 건강검진, 내과를 찾는 사람
캠페인 예산	대략 800만 원
캠페인 매체	검색광고 500만 원 뉴스PR 100만 원 바이럴마케팅 200만 원
캠페인 결과	홈페이지 유입률 증가 즐겨찾기 증가 건강검진 환자 수 증가
캠페인 결론	인터넷 웹진 생성 및 지점 증가하여 성장 중 일일 재방문 2배 증가

〈 내과 네트워크(온라인광고 부분) 〉

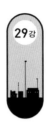

온라인광고 컨설팅
실제 성공사례 인터뷰

천연 화장품 버츠비코리아는 어떤 회사인가요?

내추럴 토탈 케어 천연화장품 브랜드, 버츠비

1984년 미국 메인 주에서 탄생한 버츠비는 전 제품이 천연성분 99% 이상으로 이루어진 친환경 건강 뷰티 브랜드다. 화학적으로 합성한 방부제나 인공적인 색소보다는 자연에서 얻을 수 있는 최고의 성분들이 버츠비 제품을 구성하고 있으며, 환경보호 활동 또한 선도하는 내추럴 No.1 브랜드다.

버츠비의 대표적인 상품으로는 천연 벌꿀을 함유한 허니 립밤과 천연 풀잎으로 만든 상처 완화 크림인 레스-큐 오인트먼트 등이 있다.

버츠비 내추럴에 대한 생각

① 버츠비의 전 제품은 99% 이상 천연성분이 함유되어 있다.

② 버츠비는 자연에서 발견되는 천연 원료로 제품을 만들고 재생 가능한 패키지를 사용하는 친환경 브랜드다.

③ 버츠비는 인체에 유해한 화학성분을 전혀 사용하지 않으며, 동물실험을 진행하지 않는다.

④ 버츠비는 자연으로 추출되는 색이 아닌 인공 색소를 사용하지 않는다.

버 츠 비   운 영   노 하 우

제품Product 체험단 활성과 입소문 광고를 집중 공략하라

마케팅믹스Marketing mix, 4P를 활용한 마케팅을 진행하고 있다. 4P는 제품Product, 가격Price, 유통Place, 촉진Promotion을 말하며, 이 중에서도 버츠비는 가장 중요한 제품을 가장 중요한 요소로 강조하고 있다.

쇼핑몰의 신뢰는 어떤 제품이 판매가 되며, 그 제품에 대해 높은 만족도를 이끌어내는 것이 가장 중요하다. 이에 버츠비는 제품의 퀄리티를 지키는 일보다 무조건적인 할인 행사를 진행하는 것은 '깨진 독에 물 붓기'식의 운영이라 생각해 무엇보다 소비자의 믿음과 신뢰를 이끌어내는 것을 최우선시 하였다.

버츠비가 정의하는 내추럴이란 자연에서 발견되는 재생 가능한 성분, 천연성분의 순도를 떨어뜨릴 수 있는 합성물을 첨가하지 않는 최소한의 공정을 말한다. 대부분 제품은 내추럴협회 인증 마크인 NPA 마크를 획득하였으며 이 기준에 맞는 95% 이상의 천연 원료 함유, 건강을 해치는 성분 배제, 천연성분의 성질을 변형시키는 제조 공정 불포함 등의 기준을 지켜나가고 있다.

또한 화장품의 60%를 흡수하는 강력한 스폰지인 '피부'를 위해 버츠비는 자연에서 추출한 천연성분을 사용해왔고, 자연 본연의 싱그러움을 피부에 담으려는 신념 하나로 내추럴 케어 제품을 만들어왔다. 항상 품질을 우선으로 생각하며, 100% 신뢰할 수 있는 천연 제품을 함께 경험할 수 있는 체험단 모집을 시작으로 마케팅 활동을 펼쳐왔다. 그 결과 긍정적인 입소문으로 빠른 시간 내에 구매 상승에 영향을 미치게 되었다.

최고의 광고효과는 지인소개 및 추천이다. 구전효과word of mouth effect를 통해 제품의 전문성을 제공하며, 지인소개의 신빙성으로 관심이 생기고, 구매까지 영향을 미치게 된다. 버츠비는 이런 방식으로 마케팅을 진행하고 있다. 이 부분을 더욱 보강해주고, 성공의 날개를 달아주고 있는 것이 '네이버 키워드광고'다. 네이버 키워드광고를 통해 유입량을 늘릴 수 있었으며, 간접적이나 직접적으로 홍보할 수 있는 촉매 역할을 해주었다.

키워드광고 효과

'네이버 브랜드 검색광고' 중심으로 브랜드 키워드 추출 전략 집중

이미 백화점, 직영점, 올리브영 등 다양한 유통방식으로 매장이 확장되고 있었다. 온라인 본사 쇼핑몰은 오픈한지 1년이 되지 않았다. 실제 본사 사이트를 방문하고 구매하는 고객들이 많지 않은 상태였다.

'최소의 비용으로 최대의 광고효과'를 위해서 온라인광고를 진행하기로 결정하고 NHN Search Marketing$_{NSM}$의 오세종에게 온라인광고 컨설팅을 의뢰했다. NSM의 오세종은 가장 먼저 버츠비의 브랜드 유입을 체크하여 '네이버 브랜드 검색' 상품을 제안했다. 오프라인매장과 오픈마켓으로 빠져나가는 고객을 먼저 잡자는 전략이었다. '브랜드 검색' 상품은 이미지를 통해 광고가 보여지고, 본사만 광고 진행이 가능한 장점이 있었다. 이미 진입한 오프라인매장들과의 마찰을 최소화할 수 있기 때문에 제일 먼저 진행하게 되었다.

그리고 '최소의 비용으로 최대의 광고효과'를 일으키기 위해 브랜드와 상품명을 중심으로 '네이버 키워드광고의 클릭초이스'를 진행했다.

그러나 대표키워드인 '천연화장품' 관련 키워드는 첫 달은 진행하지 않았다. 이유는 단가가 비싸고, 구매 전환율이 저조했기 때문이다. 갑자기 증가할 물량에 대비해 유통까지 생각한 것이다.

대표키워드 '천연화장품'은 한 달간 데이터를 분석하고, 예산에 맞게 진행하기로 했다.

'10만 원을 광고해도 '로그분석'을 통해 홈페이지 유입을 측정하라'

파워링크 위치의 검색광고가 진행되면서 A-스퀘어www.a-sq.co.kr 사이트에 가입하여 함께 진행해주었다. A-스퀘어는 광고 트렌드 분석, 자동입찰관리, 광고효과보고서, 그리고 로그분석이 측정된다. 로그분석을 통해 재방문, 매출, 구매전환, 유입현황, 오류페이지 등을 측정할 수 있다. 그리고 매일, 매주, 매월 보고서를 받으면서 검색광고의 효과를 측정할 때면 입가에 웃음이 떠나지 않았다. 이유는 매출이 상승하고 있기 때문이다.

온라인광고를 진행하면서 일 방문자는 광고 진행 이후 2배 상승하였다. 방문 후 구매로 이어지는 구매 전환율은 2월 100% 이상의 기대효과를 얻을 수 있었다. 또한, 본사 쇼핑몰 버츠비샵을 광고 문구화하여 홍보하고 노출시키다 보니 고객들의 100% 믿음과 신뢰로 광고 효율 또한 기대 이상 오르게 됐다.

온라인광고는 노출과 클릭 유도로 품질효과지수가 높아짐에 따라 CPC는 낮아지는 100% 효과를 보기 위해 매일 꾸준히 관리하고 있다. 온라인광고의 효과는 회사의 담당자와 광고 SEM과의 커뮤니케이션이 잘 이루어졌는가에 따라 많은 영향을 미친다.

회사와 함께 성장하는 광고마케터(AE)나
검색엔진마케터(SEM)를 찾는 방법

간호사를 하다가 실장으로 발령을 받은 S실장이 있다. 병원 온라
인 홍보 일을 맡게 된 S실장이 생소한 업무에 지친 목소리로 전화
를 했다.

"오 팀장님, 온라인광고를 진행하는데 혼자 하기에는 너무 힘이
들고, 많은 시간이 소요돼요. 좋은 방법이 없을까요? 그리고 광고
AE가 뭐예요?"

"광고 AEAccount executive는 광고대행사나 광고주와 협력 관계이면
서 광고 계획에 참여하는 대행사의 책임자죠. 광고예산의 배분,
광고매체의 선정, 광고의 콘셉트를 잡아주는 기획업무를 담당합
니다. 광고 AE는 광고주와 동등한 관계로 광고주의 성장을 위해
서 함께 참여하는 거죠.

또한, 검색광고를 관리 운영해주는 SEM이 있어요. SEM은
Search Engine Marketer의 약자로 최근 온라인 비즈니스 성공의
결정적인 요소로 떠오르고 있는 마케팅 전략을 담당하는 광고마
케터 AE 역할을 해요. 검색 도구를 단순한 검색에 그치는 것이 아
니라 적극적으로 특정 웹사이트로의 방문을 유도해 상품을 구입
하게 하는 것을 말하죠."

"그럼, 광고AE는 TV에서 멋지게 프레젠테이션하는 그런 사람이
겠네요?"

"네. 한화 그룹계열 광고대행사인 ㈜한컴㈜ 삼희기획의 조건희 기획부 국장은 『광고대행사 AE가 알아야 할 50계명』에서 다양한 클라이언트를 접하면서 느낀 사례를 이야기하고 있죠. 공감하는 내용이 있지만, 저자가 말하는 AE와 온라인광고 AE는 다른 점이 많아요. 흔히 알고 있는 오프라인광고 AE는 창의성을 가지고 스토리보드를 만들어야 합니다. 그러나 온라인광고 AE는 스토리보드보다는 대표키워드, 핵심키워드, 세부키워드를 뽑고 온라인매체를 믹스하는 전략이지요."

"검색엔진마케터SEM를 찾아야겠네요?"

"그렇죠. 귀사와 함께 성장할 온라인광고마케터를 찾아야 합니다. 그러나 검색엔진마케터SEM는 신종 업종으로 여러 온라인 매체를 진행해본 경력자를 찾기가 쉽지 않아요."

"그럼 온라인광고마케터를 찾는 방법을 알려주세요?"

"실장님, 메모 준비하세요. 첫째, 광고 대행사가 중요한 것이 아닙니다. 광고 대행사보다는 경력있고, 여러 광고를 진행해본 광고마케터를 찾아야 하죠. 만약 대행사를 원한다면, 온/오프라인 통합적인 대행사보다 온라인전문 대행사를 찾는 것이 좋습니다. 예를 들어 식당에서 여러 메뉴를 판매하는 것보다 한가지 메뉴만 판매하는 식당이 맛있잖아요. '백지장도 맞들면 낫다'고 대행사와 함께 하면서 Win-Win하시길 바랍니다."

"아~ 대행사와 함께 진행하면 더 이익이네요. 감사합니다."

"둘째, 광고 제안서를 받아보세요. 광고 제안서는 여러 온라인광고 매체 소개 및 솔루션을 엿볼 수가 있습니다. 제안서 내용을 보

네이버, 구글에도 없는 인터넷광고마케팅을 컨설팅하라

고 담당자의 가치관 및 정성을 확인해보세요. 셋째, 담당자를 꼭 만나보세요. 진행하게 될 담당자를 만나서 어떻게 진행하겠다는 내용을 들어보세요. 또한 서로의 의견을 나눠보고, 타협을 해야 합니다. 검색엔진마케터는 파트너 관계이며, 귀사와 함께 성장해 나갈 분이라고 생각해야 합니다. 서로 존중하면서 진행할 때 잘되는 상황을 많이 봤거든요"

"이 세 가지만 알면 쉽고, 빠르게, 전문성을 갖고 온라인 홍보를 할 수 있겠네요. 감사합니다. 원장님이 뵙자고 합니다. 여러모로 도움을 많이 받아서 고마움을 표시하고 싶다고요. 광고 컨설팅은 돈 받고 해주라고 하세요."

S실장은 처음에는 힘들어 했다. 그러나 광고 관련 책을 추천해주고 교육을 받으면서 자신감이 생기기 시작했다. 그녀는 점점 온라인광고 달인이 되어 간다. 가끔 새로운 광고 스타일이 나온다는 소식을 듣고 먼저 연락을 한다. 지금은 오프라인광고비용을 온라인광고비용으로 전환하고 있는 상태라고 알려 왔다.

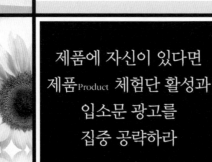

디지털 소비자

Chapter 7

디지털 GOLD KeyWord
트렌드로 돈을 번
사람들의 이야기

디지털 소비자의 특성

요즘은 컴퓨터로 모든 업무를 처리하고 있으니 친구·동료 등과의 의사소통도 당연히 '메신저' 다. "메신저가 없으면 대화가 안 될 정도로 삶의 일부가 되어 버렸다." "인터넷이나 휴대전화 등 디지털이 없는 생활은 상상도 할 수 없다."고 말을 한다. 제일기획 브랜드마케팅연구소는 서울 및 수도권에 거주하는 13~54세 남녀 600명을 대상으로 디지털 소비자의 특성을 조사한 결과 이처럼 소비자 구분에도 변화가 생겨나고 있다고 밝혔다. 또한 참여나 개방의 성향이 증가하는 추세다.

개별화 및 맞춤화	높은 관여와 참여
개인적 선호, 기준에 따라 행동	교육수준의 향상
개별화된 서비스 제공에 익숙함	자신감의 증대
	자신의 이해에 대한 적극적인 참여
관계지향	**정보지향**
커뮤니티와 멤버쉽 선호	정보 접근력 제고
거래보다 관계선호	선택의 폭 증대
	합리적 평가 및 구매
Multi-task	**Divided attention**
동시에 여러 가지 일을 수행함	미디어 집중도의 변화
적극적 상호 작용성 요구	주의력의 분산, 선호의 유행

〈 디지털 소비자의 특성 〉

출처 : 콘텐츠 실크로드 미디어

뉴미디어 광고의 통합 성장 확대가 가속되고 있다. 방송과 통신의 통합의 가속화, 쌍방향 미디어에 대한 사용자들의 기대도 확대되고 있다.

컨버전스convergence는 여러 기능을 하나로 통합해 소비자가 필요한 제품을 따로 구입하지 않아도 하나의 기기로 편리하게 여러 가지 기능을 즐길 수 있는 제품으로 서로 연관 없는 이종간의 융합을 말한다. 디지털 컨버전스Digital Convergence는 하나의 기기나 서비스에 모든 정보통신기술이 융합되는 현상을 말한다.

이런 현상은 문화콘텐츠 산업에도 일어나고 있다. 허름한 커피숍에서 상상의 나래를 펼쳐 해리포터를 쓴 30대의 이혼녀 조엔 롤링은 2007년 인세로 전 세계에서 벌어 들인 수익이 무려 3,400억 원이다. 조엔은 1주일에 최소 300만 파운드한화 약 60억 원을 벌어 들였다.

예를들면,

출판(책/비디어) : 200개국 4억 권 판매(3조 원), 67개국 언어로 번역, 작가 1조원 수입

영화 : 총 5편 극장수입 44억 8천만 불(약 5조 원)

게임 : 비디오게임, 모바일게임

DVD/비디오 : 판매 및 대여료

음악(OST) : 음반 및 디지털음악 다운로드

광고 : 머천다이징 광고(2억 7천만 불)

캐릭터상품 : 해리포터 라이선스, 식음료품, 완구제품

관광(테마파크) : 영화 촬영지인 스코틀랜드(연간 30만 명 방문)

디지털 소비자들은 단일 품목인 일반 핸드폰보다 PC까지 가능한 통합 스마트폰을 선호한다. 또한, 기업은 스토리를 만들어서 캐릭터 상품, 영화, 게임 등을 확대하여 통합으로 제시하고 있다.

네이버, 구글에도 없는 인터넷광고마케팅을 컨설팅하라

인터넷광고로 돈을 번
사람들의 체험후기

성 공 한 광 고 주 사 례

업체명	오리정식 오리지널 식당
담당자	조한숙 대표
담당업무	요리사

어떤 일을 하시나요?

경기도 안성의 맛집으로 오리정식 식당을 운영하는 사장입니다. 안성 롯데마트 앞입니다.

상호는 '오리지널'로 오리정식 및 100% 직접 만든 청국장이 인기입니다. 또한 양념게장은 포장으로 판매되며 건물 주위는 배 밭으로 경치가 좋습니다.

어떤 온라인광고를 해보셨나요?

네이버 클릭초이스만 해봤어요.

온라인광고를 시작하게 된 계기는요?

전단지와 현수막 홍보는 지역적인 한계가 있습니다. 서울이 아니라 경기도 안성이기 때문에 수도권 손님을 부르기 위해 인터넷 검색광고를 시작했어요.

지방이라는 핸디캡으로 홍보를 어떻게 해야 할지 모르는 상황이었어요. 버스, 전단지, 현수막 등으로 홍보를 했습니다. 외곽에 있지만, 인터넷을 보고 많이 찾아와요. 안성시에서 모범 음식점으로 지정되면서 더 많은 효과가 있는 것 같습니다. 클릭초이스를 지역별, 메뉴별 중심으로 진행하고 있어요.

온라인광고 효과는 어땠나요?

온라인광고를 시작하기 전에는 안성 지역 손님이 대부분이었어요. 서울 손님은 TV에 맛집 방송이 나가면서 조금씩 생겼지만, 그때뿐이었지요. 손님과 지속적인 연결고리를 만들기 위해서 광고를 시작했어요. 광고가 점점 입소문으로 번져서 동아리 모임 중심의 단체 손님이 서울에서 찾아오게 되었습니다. 주로 인터넷을 보고 예약을 했어요. 주말에는 단체 손님으로 정신이 없어요. 지역적인 한계를 풀어주는 열쇠가 되었습니다.

네이버, 구글에도 없는 인터넷광고마케팅을 컨설팅하라

온라인광고 진행 시 "이것 만은 꼭 생각하세요"라고 생각하는 부분이 있다면?

네이버의 지역정보에 무료로 사진 올리는 작업을 했어요. 그 다음에는 온라인 키워드광고를 시작하게 되었고요. 대표키워드보다는 세부키워드로 운영했어요. 즉 지역키워드로 안성식당, 안성오리고기, 안성중앙대식당 등, 메뉴 관련 키워드로는 양념게장, 안성양념게장, 안성계장, 게장맛있는집, 한방양념게장, 한방게장 등이며 단체 손님 타깃으로 키워드 운영을 했지요. 예를 들면, 안성백일잔치, 안성환갑잔치, 안성계모임, 안성단체식당, 안성단체음식점 등이고, 시즌별 키워드로 복날, 안성축제와 관련하여 함께 운영하는 게 좋아요.

온라인광고검색광고, 배너, 바이럴마케팅 등**는 (   )다?**

온라인광고는 꾸준히 해야 한다. 이유는 잠시 보이지 않으면 손님은 끊어지기 때문이다.

업체명	이쁜여성의원
담당자	신봉규
담당업무	원장

어떤 일을 하나요?

산부인과 진료를 하는 의원입니다. 주로 여성 성형수술을 전문적으로 시술하는 병원이지요.

어떤 온라인광고를 해보셨나요?

오버추어, 블로그 등의 온라인광고를 했습니다만 주로 오버추어 광고를 했습니다.

온라인광고를 시작하게 된 계기는?

8년전에 병원의 홈페이지를 만들었습니다. 홈페이지 내용을 일반 고객들이 쉽게 접할 수가 없다고 판단해서, 온라인 검색광고를 이용하게 되었습니다.

온라인광고 효과는 어땠나요?

광고효과는 좋은 편이었으며, 정확하고 많은 정보를 병원을 방문하지 않아도 얻을 수가 있기 때문에 환자 입장에서도 상당한 도움이 되었습니다. 병원 특성상, 여성 성형을 전문으로 수술하기 때문에 수술 자체에 대한 정보도 홈페이지를 이용해서 일반 환자에게 쉽게 전달했으며, 병원을 이용한 환자들이 이용 후기나 감사의 글을 많이 남겨서 광고에 큰 도움이 되었던 것 같습니다. 그러다 보니, 병원을 방문하는 한 분 한 분께 더 신경을 쓰고 진료나 수술효과가 뛰어나도록 노력하게 되었습니다. 현재는 수술 기술력도 한국 최고라고 자부하고 있으며, 환자의 감사 후기도 국내에서는 가장 많은 홈페이지가 되었습니다.

온라인광고는 허위나 과장광고를 이용한 비상식적인 경쟁이 심하다는 것과, 최근 들어서는 비용이 많이 증가했습니다. 온라인상의 자료나 글들은 공정성이 없기 때문에 과장이나 허위자료를 이용한 마케팅이 난무하게 된다는 점은 온라인광고의 큰 문제점이라고 하겠습니다.

온라인광고 진행 시 "이것 만은 꼭 생각하세요"라고 생각하는 부분이 있다면?

온라인광고를 시작할 경우 충실하고 신뢰성 있는 홈페이지 구축이 중요하다고 생각합니다. 또한 홈페이지 내용에 맞는 실력과 자질을 겸비하는 것이 더 중요하고요.

온라인광고검색광고, 배너, 바이럴마케팅 등**는 (   )다?**

온라인광고는 성실함이다.

업체명	콘도매니아
담당자	대리
담당업무	콘돔판매 및 유통

어떤 일을 하시나요?

콘도매니아라는 콘돔전문쇼핑몰을 운영하고 있습니다. 그리고 국내 최초로 오프라인에서도 콘돔전문샵을 오픈하여 국내 콘돔시장의 선도적인 역할을 하고 있습니다.

어떤 온라인광고를 해보셨나요?

기본적으로 온라인에서는 네이버의 클릭초이스와 오버추어를 통한 광고를 메인으로 하고, 장기적인 차원에서 저희 쇼핑몰과 제품을 홍보할 수 있는 카페와 블로그 활동을 하고 있죠.

온라인광고를 시작하게 된 계기는?

쇼핑몰을 오픈하고 초반에 저희 쇼핑몰을 알릴 수 있는 가장 확실한 방법을 찾다가 키워드광고를 생각했고요, 지금도 가장 효과적인 방법이라 생각합니다.

온라인광고 효과는 어땠나요?

콘도매니아의 URL주소를 모르거나 상점명을 모르더라도 각종 키워드광고를 통해 우리 쇼핑몰로의 유입을 유도할 수 있는 점이 강점이에요. 반대로 오버추어 내의 치열한 순위경쟁으로 광고비

네이버, 구글에도 없는 인터넷광고마케팅을 컨설팅하라

가 비싼 것은 흠이라고 생각합니다.

온라인광고 진행 시 "이것 만은 꼭 생각하세요"라고 생각하는 부분이 있다면?

단기간에 효과를 보려는 것보다는 시간을 가지고 서서히 효과를 올릴 수 있는 방법을 찾는 것이 중요하다고 봅니다.

온라인광고검색광고, 배너, 바이럴마케팅 등**는 (　　　)다?**

새로운 고객을 끌어들이는 것도 중요하지만 회원을 지속적으로 관리하는 것이 더 중요합니다.

업체명	문자랜드
담당자	김영훈
담당업무	사이트 관리 및 마케팅

어떤 일을 하시나요?

문자 발송 서비스를 하고 있습니다. 저희는 웹뿐만 아니라 모바일(앱)에서도 문자를 보낼 수 있도록 컨텐츠를 제공하고 있습니다.

어떤 온라인광고를 해보셨나요?

키워드, 클릭초이스, 구글, 배너광고, 바이럴마케팅 등 다양하게 했습니다.

온라인광고를 시작하게 된 계기는요?

2003년 지인을 통해 시작하게 되었습니다.

온라인광고 효과는 어땠나요?

폭넓은 유저들을 쉽게 만날 수 있지만 온라인상에서만 진행을 하기 때문에 피해를 보는 경우도 있습니다.

온라인광고 진행 시 "이것 만은 꼭 생각하세요"라고 생각하는 부분이 있다면?

광고 진행 시 이 광고가 우리 사이트와 어울리는가, 가격 대비 효율적인가를 확인하라는 말을 하고 싶네요.

온라인광고검색광고, 배너, 바이럴마케팅 등**는 (   )다?**

온라인광고는 입소문이다.

Keyword 오 팀장이 간다

온라인광고 종합컨설팅의 직업 인터뷰

온라인광고 종합컨설턴트란 직업은 (   )다.

소셜네트워크다. 여러 광고주들을 만나면서 인맥을 쌓고, 회사와 내가 서로 win-win 할 수 있도록 만드는 일이다.

네이버, 구글에도 없는 인터넷광고마케팅을 컨설팅하라

〈 메모광 SEM의 책상 〉

어떤 일을 하는 사람인가요?

포털네이버, 다음, 구글의 키워드 검색 시 광고주 사이트가 노출될 수 있도록 관리 운영해주는 일을 한다. 개인차가 있지만, 검색광고 이외에 배너광고, 바이럴마케팅, 뉴스PR, 모바일광고, 트위터, 페이스북 등 온라인광고의 마케팅을 컨설팅해준다.

온라인광고 컨설턴트의 비전은? 이 일을 하면서 목적은?

인터넷 속도만큼 고성장 산업의 새로운 직업이다. 뿌린 대로 거두는 일이다. 온라인광고 종합컨설컨트 전문가로 여러 기업체, 대학교를 다니면서 새로운 인재를 발굴하고, 정보를 공유하는 일이 재미있다. 가르치기도 하지만 배우기도 한다.

이 일을 안내할 도서나 구체적으로 알 수 있는 사이트를 소개해 준다면?

이 책이 현재까지는 유일하다. 이론적인 것보다 실무에 적극 활용할 수 있는 장점이 있다. 또한, 네이버 키워드광고 교육, 오버추어 교육, 온라인광고 세미나가 많이 생기는 추세다.

초기 수입은 얼마? 인센티브가 있나요?
회사마다 큰 차이가 있지만, 초기 최저 입금은 0원~150만 원으로 시작해서 다양한 인센티브를 받을 수 있다.

이 직업의 복지는 무엇인가요?
여성들은 자택 근무도 가능하다. 인터넷이 있다면 어디서든 업무가 가능하다. 위치, 장소 제약이 없다. 요즘은 스마트폰, 갤럭시 탭, 아이패드로 일을 하고 있다.

입사 조건은 학력, 자격증, 능력, 기술?
고졸 이상이지만, 학력이 좋으면 좋을수록 좋겠다. 어느 직업이나 같은 원리다. MOS 자격증이나 워드, 파워포인트, 엑셀정도 하면 된다. 가장 많이 필요한 부분은 파워포인트와 제안서 및 기획서 스킬이다. 그리고 가장 중요한 것은 말을 잘하고, 협상능력도 필요하다.

이 직업의 매력은?
재미와 성취감

어떻게 이 일을 시작하게 되었나? (입문 계기)
오프라인광고는 광고디자인이나 웹디자인 등 자격증 및 기술이 필요했다. 그러나 온라인광고는 이런 기술이 있으면 좋지만, 없어도 시작할 수 있다. 인터넷이 고성장하면서 온라인광고 마케팅 기획자가 되고 싶어서 시작하게 되었다.

누구의 영향을 받았나?
프레젠테이션의 중요성에서는 스티브 잡스이며, 창의성과 배려에서는 미국 드라마 캐릭터의 맥가이버다.

일할 때 꼭 필요한 도구나 매체가 있다면?
인터넷이 가능한 컴퓨터만 있으면 OK. 노트북, 레이저포인터슬라이드 넘기는 것, 다이어리.

이 일을 할 때 노하우가 있다면?
협상력과 광고주와의 커뮤니케이션이다. 광고주가 원하는 것을 찾아서 그 부분을 채워줘야 한다.

이 일을 할 때의 습관?
메모 습관이 중요하다. 여러 광고주를 담당하기 때문에 특징을 잘 알고 있어야 한다. 여러 매체를 컨설팅할 때는 더욱더 메모가 절실하다.

아이디어 창고 및 구상, 창의적인 생각은 어떻게?
다양한 분야의 독서 및 글쓰기, 도서관 이용, 서점 방문, 영화보기, 음악듣기, 여행 등 다양한 체험학습을 통해 얻는다.

자신의 정보 수집원?

인터넷으로 수집하고, 정리하며 서점에서 구체적인 도서를 찾아 읽어본다. 도서관에서 인터넷과 서점에서 얻은 정보를 정리하고, 통합시켜본다.

이 일과 관련된 영화, 드라마를 추천한다면?

내일의 기억(일본영화), 너무 지나친 워커홀릭은 기억이 감퇴된다.

이 직업을 선택하려는 이들에게 한마디?

끝까지 남는 사람이 이긴다. 목표기간을 설정하고, 그 기간 내에 나의 능력이 드러나도록 노력하라.

이 직업으로 외국계열이나 해외로 진출하려면 어떻게 해야 하나?

외국 대행사를 많이 컨택해야 한다. 그러나 검색엔진마케터는 그 나라의 언어를 잘 구사해야 한다.

이 일을 지속적으로 하기 위한 스트레스 해소법?

요한 하위징아가 호모루덴스는 놀이하는 인간이라고 하였다. 일할 땐 일하고, 놀 땐 놀아야 한다. 한 개의 주제를 설정하고 사진을 찍으면 스트레스가 풀린다. 또는 서점에 가서 책을 보거나 새벽시장, 백화점 등 새로운 물건이나 빌딩이 생겼는지 사전조사를 한다. 그 안에서 일의 생각을 잠시 지울 수 있어서 좋다. 그리고, 목, 어깨, 등을 풀어주는 운동이다.

전 직장에서는 무엇을 했나?

프리랜서로 글을 쓰면서 개인적인 공부를 하고 취직을 준비하는 학생이었다.

힘들었던 아르바이트나 일은?

호주에서 이태리 여사장 몰래 냉장고에서 티라미슈 케익을 먹다가 걸려서 혼날 때.

이 일을 하면서 가장 보람을 느낀 일?

① 광고주의 매출증가로 광고비가 상승할 때

② 광고주의 사업이 확장할 때

③ 신제품이나 판매중인 제품 테스트 및 시식을 의뢰할 때

자신의 꿈은? I have a dream?

아직도 국내뿐만 아니라 세계의 기업이나 대학교에서 인터넷광고를 잘 모른다. 많이 전하고 싶다. 그리고 대기업들은 여전히 키워드광고보다 배너광고에 집중하고 있다. 전체 온라인광고를 운영하고 싶다.

> **자기 몸값을 높이기 위한 실천 전략?**
>
> 경기가 안 좋을수록 펀드, 보험, 주식, 부동산에 투자하는 것보다 본인에게 투자하는 성향이 높아지고 있다. 봉급생활자의 샐러리맨Salaryman과 학생의 스튜던트Student가 합쳐진 샐러던트Saladent가 늘고 있다. 자신의 능력도 키우면서 자신의 몸값을 높여 이직하는 샐러던트들이 늘고 있다.

자신의 몸값을 높이기 위한 실천 전략

첫째, 협상력을 UP 시켜라.

일상생활은 협상의 연속으로 이루어진다. 싸고 좋은 물건을 사거나 계약을 맺을 때 상대방보다 질 좋은 정보 및 지식을 갖고 있어야만 유리한 협상을 할 수가 있다. 협상이라면 자신의 정보를 공유하지 않는 것이 아니다. 서로 정보를 교환할 때 WIN-WIN 협상이 된다.

둘째, 프레젠테이션 스킬을 UP 시켜라.

말로 협상을 했다면, 그 다음은 광고주들에게 이미지까지 보여주면서 나에게 매혹되도록 만들어야 한다.

셋째, 외국어 능력을 UP 시켜라.

외국어는 당장 필요하지 않아서 우선 순위에서 밀릴 수도 있다.

발등에 불이 붙어야 하는 사람이 많기 때문이다. 기회는 준비된 자에게 찾아온다. 이 기회를 잡으면 몸값이 올라가는 소리를 들을 수 있다. 지금 외국어 공부를 위해 전화영어나 학원을 이용하자. 자신의 가까운 미래에 투자해보자.

넷째, 독서량을 UP 시켜라.

일주일에 한 권의 책을 읽는 습관을 갖자. 독서는 삶의 여유와 인생의 답을 알려준다. 안중근 의사는 '하루라도 책을 읽지 않으면 입안에 가시가 돋는다'고 했다. 독서를 생활이라고 생각해야 한다는 것이다.

빌 게이츠는 주중에 30분씩, 주말에는 3시간씩 책을 읽는다. 아무리 바빠도 빌 게이츠 만큼 바쁘지 않을 것이다.

다섯째, 체력을 UP 시켜라.

새해 소망으로 건강을 입버릇처럼 꺼내지만, 정작 사람들은 자기 건강에 무관심하다. 운동은 모든 일을 하고 나서 시간이 남을 때 하는 것이 아니다. 운동할 시간을 정해야 한다.

협상력, 프레젠테이션 스킬, 외국어 능력, 독서량, 체력을 향상시키는 작은 걸음이 시작되었으면 하는 바람이다.

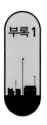

Fun한 온라인광고 용어

검색엔진마케팅(Search Engine Marketing) | 검색엔진의 검색 결과를 이용한 마케팅 활동을 의미. 자사의 잠재고객이 인터넷 검색으로 이용할 가능성이 예상되는 키워드를 선택하고 그 검색 결과에 자사 서비스가 노출되도록 함으로써 자사 웹사이트로 타깃팅된 잠재고객 유입을 유도하여 고객과 매출을 높임.

고정노출 | Rolling에 반대되는 개념으로 한 광고 스팟에 한 개 광고주의 광고물만 뜨는 경우를 말함.

광고 롤링(Rolling) | 한 광고 스팟에 여러 광고주의 광고가 집행되는 것을 의미. 초기화면 상단 배너가 1/3 rolling이라면 상단 자리에는 3개의 다른 광고주의 광고가 random으로 돌아가면서 뜨

네이버, 구글에도 없는 인터넷광고마케팅을 컨설팅하라

게 됨.

광고 임프레션 = 페이지뷰 = 광고뷰 | 광고 이미지_{일반적인 경우 광고는 대게 이미지 형태임}가 성공적으로 다운로드되었을 때 즉 광고 이미지가 보일 때 유저는 해당 광고를 한번 보게 되며 이를 광고뷰_{ad view}라 함. 광고 임프레션_{ad impression}과 동일.

광고 트랜스퍼 = 광고 클릭 수 | 광고 클릭 수_{ad clickthrough}와 마찬가지로 유저가 배너를 클릭함으로써 광고주의 웹사이트로 성공적으로 이동하는 것을 말함.

광고문구 | 잠재고객들에게 보여지게 될 광고문구를 의미. 광고는 제목, 설명, URL을 포함함.

구매전환율(Conversion Rate) | 웹사이트를 방문한 사람 중에서 운영자_{사업자}가 의도했던 행위_{상품 구매, 회원 가입 등}를 하는 사람의 비율로 쇼핑몰의 경우 1000명의 방문자 중에 70명이 구매를 했다면 7%의 구매전환율을 보였다고 할 수 있음.

노출 | 광고가 노출되는 횟수. 예를 들어 4번 보여졌다면 노출은 4가 됨.

대표키워드 | 조회수가 많고 가장 일반적으로 생각하기 쉬운 키워드로 경쟁 또한 치열하여 인기키워드라고 부르기도 함.

도달률(Reach) | 국내 인터넷 사용자 중 측정 기간 동안 특정 사이트에 방문한 순방문자 수의 비율을 의미. _{순방문자 수/전체 인터넷이용자 수}

랜딩페이지(Landing Page) | 인터넷광고에서 광고주는 오디언스에게 광고를 통해 광고 메시지를 전달한 후 오디언스가 광고물을 클릭한 경우 광고주가 원하는 페이지로 이동시킬 수 있는데, 이

페이지를 랜딩페이지Landing Page라고 부름.

로그분석(Log Analysis) | 웹사이트에 남는 방문자들의 기록, 즉 로그log 파일을 통해 방문자들의 움직임을 분석하는 것.

리치 미디어(Rich Media) | 단순한 텍스트나 그래픽을 넘어서 다양한 색상, 소리, 보다 화려한 애니메이션, 동영상 등 다양한 도구를 활용하여 상호작용을 가능하게 함으로써 메시지를 좀 더 '풍부하게' 전달하는 매체를 말함. Flash가 대표적이며 Java 배너도 이에 포함. 요즘 등장하는 각종 신기법 광고 대부분이 Rich Media에 들어감.

매체사 | 광고가 집행되는 사이트를 말함. 네이버, 야후, 다음 등이 매체사에 해당됨.

무효클릭(Invalid Click) | 정보를 얻거나 구매하려는 의도없이 악의적인 목적으로만 일어나는 클릭과 정보를 얻거나 구매하려는 의도는 있더라도 짧은 시간 동안 무의미하게 발생하는 많은 횟수의 클릭을 의미함. 따라서 보통은 무효클릭이라 판단이 될 경우 계정에 비용이 청구되지 않도록 시스템화되어 있음.

미끼상품, 미끼광고(Bait Advertising) | 미끼상품은 로스리더Loss Leader라고도 부르는데, 해당 상품 자체에서는 손해를 감수하더라도 고객을 유인하여 다른 상품을 함께 구매하도록 하는 데 사용되는 판촉기법을 말함.

방문 페이지 = 연결 URL | 방문 페이지란 고객이 광고를 클릭하여 '방문' 하게 되는 운영 중인 웹페이지를 말하며, 해당 페이지의 웹주소를 주로 '도착 URL' 또는 '클릭 URL' 이라고 함.

네이버, 구글에도 없는 인터넷광고마케팅을 컨설팅하라

배너(Banner) | 가로가 긴 띠 모양의 인터넷광고물로 가로 468, 세로 60 픽셀이 가장 기본 사이즈. 배너의 파일 형태로는 GIF, Flash, Java 등이 가장 많이 사용.

세부키워드, 틈새키워드, 서브키워드(Sub Keyword) | 세부키워드는 조회수가 낮고 보다 구체적인 의미를 포함하는 키워드를 말함. 세부키워드는 조회수는 낮은 반면 구체적인 의미를 포함하고 있어 전환율이 높게 나오는 특징을 지니고 있음. 예를 들어 '에어컨'이 대표키워드라고 하면 이에 대한 세부키워드는 '삼성에어컨', '삼성 벽걸이 에어컨', '삼성 벽걸이 에어컨 8 평형'과 같이 확장해 나갈 수 있음. 세부키워드 중에서도 어느 정도 조회수가 되면서 경쟁이 그다지 치열하지 않은 것이 있을 수도 있는데 이를 틈새키워드라고 부르기도 함. 이러한 틈새키워드를 잘 찾아내는 것이 키워드광고를 성공적으로 이끄는 방법.

순방문자(Unique Visitor) | 일정 기간 동안에 특정 사이트에 1회 이상 방문한 중복되지 않는 인터넷 사용자.

실제클릭비용 | 광고주가 각 클릭에 대해 실제로 지불하는 금액을 의미함. 실제클릭비용은 설정한 최대클릭비용을 절대 초과하지 않음.

입찰가 | 클릭 1회당 지불할 용의가 있는 최대 금액.

전환 페이지 | 전환 페이지는 사용자의 접근 자체가 비즈니스 결과가 되는 페이지로, 사이트 유형에 따라 사용자가 구매를 완료하는 페이지 또는 가입양식을 작성하는 페이지가 될 수 있음.

전환당 단가 | 전환당 단가는 1회 실적을 발생시키는 데 드는 비용.

실적 또는 전환Conversion은 광고주가 원하는 고객 행동으로 회원가
입, 신청서 작성, 이벤트 참여, 상품 구매 등 다양하게 지정할 수
있음.

전환당 단가 = 광고 비용(Cost) / 전환 수(Conversion)

전환당 단가 = 광고 비용(Cost) / (클릭 수 × 전환율)

전환당 단가 = 광고 비용(Cost) / (노출 수 × 클릭률 × 전환율)

전환당 단가는 가장 궁극적인 광고 효과 측정 기준이 될 수 있음.

전환율 | 전환율은 전환 수를 광고 클릭 수로 나눈 값. 웹사이트 최
적화를 사용하면 전환율을 향상시켜 투자수익ROI을 높이려는 시
도를 할 수 있음.

제휴마케팅(Affiliate Marketing) | 제휴마케팅은 포괄적인 개념으
로는 기업간 제휴를 통해 매출 실적을 향상시키는 모든 방법이 되
겠지만, 인터넷마케팅에서 사용되는 협의의 개념으로는 실적을
기반으로 광고 수익을 분배하는 방식의 마케팅 기법을 말함.

최대입찰가 = 최대클릭비용 | 광고가 클릭되었을 때 지불하고자 하는
최대 금액.

추적 URL | 광고유형, 키워드, 인터넷 사용자들의 검색어에 관한
정보를 제공해줄 수 있게 URL에 덧붙이는 요소.

쿠키(Cookie) | 웹브라우저에서 현재 상태를 보관하기 위해 임시
로 사용하는 데이터파일 이름. 예를 들어 지난번에 접속했을 때의
환경과 같은 정보를 쿠키에 저장해두고 이를 다음 번 접속할 때
활용할 수 있음. 쿠키라는 것은 개인을 식별하기 위해 사이트가
발행하는 ID번호와 같은 것임.

쿠키 파일 | 웹사이트로부터 받은 쿠키정보 파일로서 유저의 하드 드라이브에 보관되며 유저의 브라우저가 이를 관리. 하나의 브라우저에 여러 웹사이트로부터의 쿠키가 저장되지만 각각의 웹사이트는 자신이 만든 쿠키 이외에는 읽을 수가 없음.

클릭당 비용(CPC) | 클릭당 평균 광고비. 광고가 클릭될 때 지불하는 평균금액으로 광고비용을 클릭으로 나눈 값.

클릭률(CTR) | 클릭을 노출로 나눈 값. 예 : 광고가 100번 노출되는 동안 25번의 클릭을 받았다면 CTR은 0.25(25%)가 됨.

키워드 팩(Keyword Pack) | 검색 전문 에디터팀에서 개발, 월별, 업종별 등으로 키워드에 대한 상세한 내역을 참고할 수 있도록 만든 지원 프로그램. 세부 검색어 전략을 세우는데 참고하면 큰 도움이 됨.

키워드 포트폴리오 | 적합한 키워드 리스트를 작성한 것을 말함. 키워드 포트폴리오에는 광고주에게 적합한 키워드의 리스트, 그리고 각 키워드별로 최대입찰가, 조회수, 클릭률, 전환율 등이 포함됨.

타깃팅(Targeting) | 광고에서 타깃이란 광고가 노출되는 대상을 말함.

텍스트광고 | 텍스트만으로 카피를 전달하는 광고물로 이벤트 고지용으로 많이 활용.

투자수익(ROI, Return On Investment) | 투자한 금액 대비 발생한 이익을 백분율로 나타낸 것. 인터넷광고에서는 지출한 광고비 대비 이익률을 뜻함.

투자수익률 = (광고를 통해 판매한 이익/지출한 광고비) × 100%

투자수익률은 실제 지출한 광고비에 대해 어느 정도의 수익을 올렸느냐를 평가하는 것이므로 광고효과를 결정짓는 결정적인 항목.

트래픽 | 네트워크를 통해 움직이는 데이터의 양을 말함. 인터넷 사업을 하는 데 있어 실생활적으로는 얼마나 많은 방문객이 웹사이트를 방문하는가를 지칭하는 데 사용되기도 함.

표시 URL | 표시 URL은 사용자가 사이트를 식별할 수 있도록 광고에 표시하는 URL로 사용자는 표시 URL을 보고 해당 광고를 클릭했을 때 어떤 웹사이트나 방문 페이지로 연결될 지를 명확하게 알 수 있음.

품질지수＝품질 평가 점수 | 광고효과 CTR뿐만 아니라 키워드와 광고 문안 연관도, 키워드와 사이트의 연관도 등 사용자 측면에서의 광고품질과 관련된 다양한 요소를 포함한 지수. 광고 품질이 높을수록 클릭이 더 많이 발생하고 사용자 신뢰도가 높아져 장기적으로 실적이 향상되는 결과를 가져옴.

히트 | 웹서버가 유저의 웹브라우저의 요청에 의해 브라우저로 내보내는 웹문서 이미지 등의 총 개수를 의미. HIT는 웹문서 안에 포함된 각각의 구별 가능한 파일 단위로 계산되는데 예를 들어 그래픽 네비게이션 막대와 배너, 회사 로고 이미지를 담고 있는 웹페이지는 웹서버에 4개의 Hits를 생성.

Account Executive(AE) | 거래광고주 광고 관리담당자. 대행사를 대표해서 광고주와 연락업무를 담당하는 사람.

Advertiser | 광고주. 광고의 주체로서 광고비용을 부담하는 조직

체 또는 개인을 말함.

Advertising Agency | 광고대행사. 광고주를 위하여 광고를 기획하고 제작하여 광고매체에 게재 또는 발송하도록 하며 이와 관련된 제반 서비스를 제공하는 독립된 기업을 말함.

Advertising Budget | 광고예산. 기업이 광고목표를 달성하기 위하여 일정기간 동안 광고비로 지출하는 총비용.

Advertising Campaign | 광고주가 일정기간 동안 사용할 목적으로 광고전략을 설정한 뒤, 그에 따라 여러 개의 광고물을 만들어 다양한 매체에 일정기간 동안 집행하는 활동.

Advertising Effect | 광고효과, 광고캠페인에 대한 결과 또는 영향, 이를테면 광고라는 자극에 대한 소비자 반응.

Advertising Expenditure | 일정기간 동안 기업이나 조직이 광고 활동을 위하여 지출하는 금액.

Advertising Objective | 광고목표, 일정기간 동안의 광고활동을 통하여 달성하고자 설정한 광고효과에 대한 기술.

Advertising Penetration | 광고 침투율, 표적 시중 중에서 광고 메시지를 인지하는 사람들의 비율.

Advertorials | 논설형 광고. 뉴스기사와 같이 보이도록 만들어진 광고로 advertising과 editorial의 합성어임.

Audience Accumulation | 누적 수용자, 여러 미디어를 통해 최소한 한번 이상 광고에 접촉된 사람들의 총 숫자.

Average Frequency | 평균빈도. 일정기간 동안 가구 또는 개인이 특정 광고에 노출된 평균 횟수.

Billing | 광고취급액. 광고주가 광고대행사에게 광고매체비용, 제작비용 등으로 지불한 금액.

Burn Out | 소멸현상. 광고 집중도가 높아지면 광고빈도 또한 비례적으로 증가되어 소비자들이 광고에 싫증을 내거나 무관심해지는 현상을 말함.

Byte | 바이트는 용량 단위로써 일반적으로 1바이트1Byte는 1캐릭터1Character라고도 부르는데 1바이트를 가지고 영문 한 문자를 표현할 수 있음.

Caching | 웹사이트 방문 시 화면상에 보여지는 텍스트나 그래픽이 클라이언트 컴퓨터에 일정기간 동안 저장되는 파일을 말함.

Client | 광고주. 광고대행사에 광고활동을 의뢰한 개인, 기업 또는 조직광고대행사의 고객.

Commission | 광고주를 대신하여 매체사가 광고대행사에 지불하는 수수료.

Consumer Advertising | 최종소비자를 대상으로 하는 광고.

Cooperative Advertising | 제조업자와 그 상품을 판매하는 소매상, 혹은 같은 상품을 판매하는 동업자가 공동으로 비용을 부담하여 행하는 광고.

Coordinated Advertising | 통합적 광고, 여러 매체를 통해 집행되는 광고가 하나의 메시지나 시각적인 주제로 통일되어 있어서 각각의 광고가 서로 다른 광고의 효과를 지원하는 형태의 광고.

Coverage | 매체도달범위. 어떤 광고매체가 도달될 수 있는 수용자의 수 또는 광고매체가 도달되는 지리적 범위.

CPA(Cost per Action) | 회원 가입, Sales, 홈페이지 방문 등 Action 당 단가를 말하는데 가장 대표적으로 일컬어지는 것이 회원 가입당 단가. 배너를 클릭해서 광고주 홈페이지에서 회원가입을 할 경우, 배너를 통해 회원가입까지 간 사람들을 1명 당 단가를 책정해서 광고집행금액을 결정하는 방식.

CPC(Cost Per Click) | 광고 클릭당 광고비, 광고 1Click을 얻기 위해 소요되는 광고 비용. 따라서 동일한 CPM으로 광고를 집행하였더라도, CTR클릭율이 높으면, CPC는 떨어지므로 더 효율적인 광고를 집행하였다고 할 수 있음.

CPM/Cost-per-Mile(노출 1,000회에 대한 단가) | 노출수에 따라 광고비를 내는 정액제 방식으로 CPM은 1000회의 광고 노출에 드는 광고비. CPM이 5,000이라면 1회의 노출에 드는 광고비는 5원이라고 할 수 있음Mill 은 로마숫자에서 1,000을 나타냄.

CPP(Cost per TRP) | TRP 1포인트를 올리는데 들어간 비용. CPP = Budget / TRP

CPR(Cost per Reach) | Reach 1%를 올리는데 들어간 비용. CPR = Budget / Reach

Creative | 광고주와 대행사에서는 배너 등의 광고물을 'creative' 라 칭함.

CTR(Click-Through Rate) | 일반적으로 말하는 '클릭율' 로서, 광고 노출 대비 광고를 클릭한 비율을 백분율로 환산한 수치임. CTR = 100 × (Clicks / Impressions)

DB(Data base) | 데이터 베이스. 다양한 목적을 위해 필요할 때

편리하게 사용 가능하도록 저장해 놓은 통합 자료.

Direct Mail(DM) | 광고 선전 등을 위하여 쿠폰이나 안내문, 편지 등을 E-Mail로 발신자의 목적에 맞게 특정 대상인에게 전달하는 커뮤니케이션 수단.

Domain | 웹사이트의 구체적인 주소나 URL_{Unique Resource Location}을 말하며 보통 인터넷에서는 @기호의 오른쪽에 표시됨.

Duration Time | 측정기간 중 방문자 1인이 해당 사이트를 재방문한 총 시간의 평균을 말함.

Effective Frequency | 효과적인 빈도. 광고효과를 얻기 위해 필요한 최소한의 노출빈도.

E-Mail(Electronic Mail) | 전자 우편. 서한, 문서 등 메시지를 전화선이나 컴퓨터, 모뎀 등 전자식 수단을 통하여 전송하는 통신 방식.

Fee | 약정요금. 광고주가 광고대행사에 지불하는 서비스 대가로서 원가 보상방법에 의하여 결정되는 대행사 보수를 말함.

Feedback | 광고주가 광고메시지의 수용, 광고접촉 환경, 태도, 감정 등에 대한 정보를 파악할 수 있는 수용자 반응.

Flash | 1997년 미국의 매크로미디어사(社)가 개발한 벡터 도형 처리 기반의 애니메이션 저작용 소프트웨어. 비트맵이나 도해 설명 도구를 사용하여 애니메이션, 특수 효과, 음향 등의 작업이 가능. 현재 대부분의 광고 배너가 플래시로 만들어지고 있음.

Forecasting | 광고 솔루션을 통해 광고효과를 미리 예측하는 것.

Frequency | 이용자 한 사람이 동일한 광고에 노출되는 평균 횟

수빈도를 의미함. Frequency=Target Impression / Target Unique user (오프라인 개념: Frequency =GRP / Reach)

GIF | 컴퓨서브사에서 개발한 통신용 그래픽 파일형식으로서, 브라우저나 플러그인 등 사용자의 환경에 영향을 받지 않으면서도 제작이 용이하고 용량도 작아 배너광고에서 많이 사용되고 있는 형태임.

Gross Impression | 정해진 매체스케줄에 의해 실시된 한 광고에 대한 총노출량.

GRP(Gross Rating Point) | 총도달빈도. 일정 기간 동안 광고메시지가 수용자에게 도달될 총합으로서 '빈도×도달률'로 계산함.

Hit | 한 명의 사용자가 웹서버의 파일 하나에 접속하는 것을 의미. 히트란 서버에 있는 파일 하나에 접속한 횟수이기 때문에 한 사이트에 그림이 10개 있다면 히트 수는 그림 10개와 웹페이지 1개를 포함한 '11'로 카운트 됨.

IMC(integrated marketing communication) | 광고, DM, 판매촉진, PR 등 다양한 커뮤니케이션 효과를 제고하기 위해 다양한 수단을 통합하는 총괄적 계획의 부가적 가치를 인식하는 마케팅 커뮤니케이션 계획의 개념.

Impact | 특정광고가 소비자에게 주는 인상의 강도나 종합적인 영향.

Impressions | 광고 노출 횟수. 사이트의 특정 페이지가 열려 광고가 1번 노출된 경우를 1 impression이라 함.

Indirect Exposure | 소비자가 광고에 직접 노출되어 광고로부터

영향을 받는 것이 아니라 광고에 노출된 다른 사람으로부터 제품이나 서비스에 대한 정보를 얻고 구매 과정에 영향을 받는 현상.

Interstitial | 삽입광고. 웹페이지나 사이트 이동 도중, 또는 웹페이지 내에 광고가 삽입되는 방식. 별도의 브라우저 창을 띄우거나 화면 전체에 그래픽, 애니메이션, 동영상, 사운드를 포함하는 다양한 형태의 광고를 삽입할 수 있으며 pop-up광고, 전면광고 Takeover 등이 삽입광고에 포함됨.

Inventory | 한 사이트에서 일정한 기간 내에 팔 수 있는 광고 총 분량에서 팔린 광고의 물량을 뺀 광고를 팔 수 있는 수치를 의미함.

IO(Insertion Order) | 광고를 집행하기 전 광고를 집행하고자 하는 광고주나 대행사에서 작성하는 광고 전반에 관한 내용이 수록된 게재 신청서. 만약에 발생될 수 있는 법적인 분쟁 시 증빙 서류로 활용할 수도 있음.

Jingle | 메시지가 음악적으로 제시되는 광고. 짧은 멜로디와 노래가사를 이용하여 소비자들이 메시지를 쉽게 기억하도록 하는 음악광고.

JPG(JPEG) | 사진과 같은 정지화상 정보를 통신하기 위하여 압축하는 기술의 표준. 인터넷에서 사진 파일을 표시할 때 GIF와 함께 가장 많이 사용됨.

Key Account | 광고대행사가 가장 중요하다고 생각하는 대형 광고주.

Limited-Service Advertising Agency | 한정 서비스 광고회사. 종합 광고회사와는 달리 제작, 매체계획, 매체구매 등 특정 분야

만을 전문적으로 하는 광고회사.

Media | 인터넷광고에서는 광고가 집행되는 사이트를 말함.

Media Buyer | 광고메시지를 집행하기 위하여 매체를 구매하는 사람.

Media Mix | 여러 매체의 유형을 분석한 후 광고주 상황에 맞춰서 다수의 매체를 조합하여 효과를 극대화할 수 있는 매체안을 만드는 작업을 말함.

Media Planner | 매체계획을 담당하는 사람을 의미함.

Media Reps | 매체대행사. 광고 매체를 회원사로 두고 이들을 대표해서 광고주나 광고대행사를 대상으로 판매를 대행하는 회사.

Multimedia | 광고 및 촉진에서 둘 또는 그 이상의 매체를 이용하는 것을 말하며 주매체가 보조매체에 의해 보조되는 것이 이에 속함.

Net Audience | 순 수용자, 특정 기간 동안 한 커뮤니케이션 매체에 의해 한 번 이상 도달된 개인이나 가구의 총수.

Net Coverage | 순도달 범위, 광고매체를 통하여 도달될 수 있는 지역의 범위 또는 인구의 총수.

Open Rate | 매체사용빈도나 사용량에 따라 할인되기 이전의 매체기본요금.

Opt-in e-mail | 이용자의 허락을 받은 후에 관련 메일을 송신하는 것. 허락을 받은 후에는 비록 광고이긴 하지만 가치 있는 정보만 제공되는 메일 커뮤니티에 해당 광고를 끼워 보내는 것.

Page View | 사용자가 특정 사이트에 들어가 페이지를 열람하는

수치를 계량화한 것. 사용자가 사이트의 페이지를 한 번 노출시켰을 경우 이를 1 Page View라고 함.

Pixel | 모니터에서 표현되는 길이와 크기를 측정하는 단위. 픽셀 pixel, 혹은 화소畵素라고 함. 광고 배너 소재의 크기 측정 단위로 사용함.

Post Click | 광고를 클릭하고 이벤트 페이지로 온 방문자 수.

Post View | 광고에 노출되고 이벤트 페이지로 온 방문자 수.

Presentation | 광고계획이나 전략, 제작물을 구두로 설명하는 대면적 커뮤니케이션 행위.

Pretest | 광고를 집행하기 전에 그 광고가 소비자로부터 어떠한 반응을 유발할 것인지를 시험적으로 측정하는 조사.

Promotion | 제품, 서비스, 아이디어 등을 고객들이 수용하도록 하기 위한 광고, 인적판매, 공중관계, 판매촉진 등의 마케팅 커뮤니케이션 활동.

Reach | 특정 기간에 적어도 한 번 이상 광고매체에 의해 노출된 사람의 숫자를 말함. 캠페인 모집단 대비 타깃의 몇 명에게 광고가 노출되었는가를 백분율로 산출.

Repetition | 광고효과를 증대시키기 위해 광고가 슬로건, 혹은 주제 등을 되풀이하는 행위.

Rich Media | 단순한 텍스트나 그래픽을 넘어서 강렬한 색감으로 움직이는 애니메이션, 자극적이고 매력적인 사운드, 화려한 동영상 등 다양한 도구를 활용하여 상호작용을 가능하게 함으로써 메시지를 좀 더 '풍부하게' 전달하는 매체를 일컬음.

ROAS(Return On Ad Spend) | 광고비 투자 수익률. 사용한 광고비에 비례하여 얻은 매출. ROAS _{Return On Ad Spend}는 매출÷광고비용×100으로 계산. 예 : 어떤 캠페인이 500,000원의 광고비로 5,000,000원의 매출을 만들었다면 ROAS 는 1,000% 가 됨.

Rolling | 한 광고 스팟에 여러 광고주의 광고가 집행되는 것을 의미함. 한 사이트의 초기화면 상단 배너가 1/3 rolling이라면 상단 자리에는 3개의 다른 광고주의 광고가 random으로 돌아가면서 노출됨을 의미함.

ROS(Run of site) | 광고주가 광고를 집행할 특정 영역을 지정하는 것이 아니라, 매체에서 광고의 영역을 임의로 정하는 것.

Sales Promotion | 판매촉진 제품이나 서비스의 구매를 유도하기 위하여 가치를 제공하는 단기적 유인기법. 예를 들어 쿠폰, 가격할인, 경품 및 견본 등을 포함.

Skyscraper | 모니터를 마주보고 있는 상태에서 사용자의 시선을 끌기 쉬운 웹페이지 상의 오른쪽 시야에 위치하며, 수직으로 길게 내리 뻗은 직사각형 모양의 광고 형태를 말함. 468×60배너에 비해 크기가 크고 세로로 긴 배너들을 Skyscraper라고 부름. 468×60배너의 효과가 점점 떨어지면서 활용도가 높아진 광고형태.

Sleeper Effect | 특정 조건하에 그 광고를 접한 직후보다 일정 기간이 지난 후에 오히려 강하게 발휘되는 광고효과.

SOV(Share of Voice) | 광고혼잡도, 카테고리 내 경쟁사 대비 자사의 광고가 차지하는 비율을 말함.

Splash page | 웹사이트와 촉진을 위한 특별한 사이트 특성 또는 광고 제공페이지에 선행되는 예비페이지를 의미함.

Sponsor | 광고를 후원하고 그렇게 함으로써 후원자를 돕거나 웹사이트 자체를 지지하는 광고주를 의미함.

Sponsorship ad | 인터넷광고에서 스폰서십의 의미는 광고주의 브랜딩 효과나 고객확보에 도움이 될 만한 웹사이트나 해당 컨텐츠를 지원하거나 비용을 지불하며 광고를 진행하는 방식을 말함.

Superstitial | 광고사이즈가 일반 배너보다 현격하게 크거나 표현이 풍부하거나 별도의 창이 뜨는 형태의 도발적인 광고방식.

Swf | Flash 프로그램으로 생성되는 결과물 파일을 의미하는 것으로, Flash로 제작한 광고 소재를 web상에 올리기 위해서는 swf 형식으로 생성해야 함.

Takeover | 광고전체가 화면을 뒤덮는 전면광고로 보통 슈퍼스티셜의 형태로 게재됨.

Targeting ad | 타깃팅은 웹사이트에서 목표관중에게 광고 메세지를 집중적으로 전달하는 광고를 말함. 즉, 성별, 연령, 직업, 거주지, IP, 시간 등의 조건에 따라 Targeting된 대상에 대해 노출되는 광고를 말함.

Text AD | 이미지가 없이 텍스트만으로 카피를 전달하는 광고물로 이벤트 고지용으로 많이 활용됨.

Three Hit Theory | 광고에 최소 3번 이상은 노출되어야 광고 노출자의 인지에 영향을 미치게 된다는 Herbert E. Krugman의 이론.

Total Audience | 일정기간 동안 매체에 노출된 청취자, 시청자 또는 독자의 총수로서 연도달률 또는 총인상율로 불림.

Traffic | 특정 사이트의 사용자 접속 횟수, 혹은 방문하는 이용자의 수를 의미. 사용자가 많으면 '트래픽이 높다'라고 하고 사용자가 적으면 '트래픽이 낮다'라고 표현함.

TRP(Target Rating Points, TGRP) | 일반적으로 매체 효과를 평가할 때 사용하는 지수GRP를 타깃 대상으로 적용한 것. TRP= Target Reach×Frequency

Unique Click | 광고를 클릭한 수에서 중복으로 클릭한 경우를 배제한 수치.

Unique Users(Unique Visitor, Unique Viewer, Unique Impressions) | 사이트에 방문하거나, 광고에 노출된 유저 중 중복된 유저를 배제한 수치.

URL | Uniform Resource Locator의 약자로 인터넷에 존재하는 특정 웹페이지나 파일의 주소.

User Session | 사용자의 사이트 방문 빈도 수를 나타내는데 사용되는 개념. 사용자가 사이트를 떠난 후 일정 시간 안에 다시 해당 사이트를 방문하면 이를 새로운 방문으로 기록하지 않음.

View | 뷰는 크게 Page View와 Ad View의 뜻으로 통용되고 있으나, 보통의 경우는 Ad View의 뜻으로 사용되고 있음. 한 페이지뷰 당 여러 개의 Ad View가 있을 수 있음.

Wear out | 광고 캠페인 시작 후 과잉노출이나 시간 경과에 따라 광고물의 효과가 감소되는 현상.

Word of Mouse ㅣ 인터넷을 기반으로 하는 커뮤니케이션 내에서의 구전.

인터넷 검색광고 용어 - 오버추어

검색유형 ㅣ 검색어와 광고를 서로 매칭시켜주는 옵션. '기본검색'을 활용하는 광고의 경우, 약간의 오타 등을 반영한 검색에만 노출됨. '확장검색'을 활용하는 광고의 경우, 제목, 설명 및 광고주의 웹사이트 콘텐츠까지도 포함한 보다 광범위한 검색에 노출됨. 기본적으로 모든 광고는 '확장검색'으로 설정됨.

검색유형ID ㅣ 기본, 확장검색이 적용된 문구.

결제방법 ㅣ 계정잔액을 충전하기 위한 방법으로 신용카드, 가상계좌 등이 있음.

계정 ㅣ 광고를 운영하는 주체. 한 광고주가 한 개 또는 여러 개의 계정을 통해 광고를 운영하기도 함.

계정번호 ㅣ 각 계정을 구분하는 고유번호.

계정잔액소진예상일 ㅣ 계정잔액이 0원이 되기까지 남은 예상일수.

광고대상지역 ㅣ 캠페인에서 광고지역설정 시 선택된 지역.

광고유형 ㅣ 광고문구를 노출하는 방법. 광고문구는 스폰서 검색 또는 콘텐츠매치로 노출될 수 있음.

광고제외대륙 ㅣ 광고를 노출하지 않는 지역. 광고주의 계정이 속한 지역을 제외한 모든 지역을 차단할 수 있음.

네이버, 구글에도 없는 인터넷광고마케팅을 컨설팅하라

광고지역설정 | 특정 지역 광고에 관심이 있는 인터넷 사용자를 위한 광고지역 설정기능. 예 : 만약 경기도에서만 꽃배달을 하고자 하는 광고주라면 타깃지역으로 '경기도' 를 선택함. 광고는 '경기도꽃배달' 같은 관련된 검색어에 노출됨. 광고지역설정은 약 77% 정도의 정확도를 보여줌.

광고평가지수 | 광고성과 측정지수. 광고평가지수는 계정의 클릭률 CTR과 기타 관련 요인 등을 총체적으로 나타냄.

기본검색ID | 기본검색이 적용된 문구. 기본검색ID는 광고주의 웹로그에 남게 됨.

노출비율 | 특정 광고가 광고그룹 내에서 노출되는 비율. 예 : 광고그룹 내에 4개 광고가 있을 때, 이는 모두 똑같은 비율로 노출됨. 따라서 각 광고의 노출비율은 25%가 됨.

대량업로드 | 캠페인, 광고문구, 키워드 등을 엑셀스프레드시트 파일 등을 이용하여 대량으로 업로드하는 기능.

대표계정 | 시간대설정, 환율, 광고지역설정 등을 공유하는 하나 또는 그 이상의 계정 모음.

대표계정관리자 | 대표계정과 하위계정에 접속할 수 있는 광고주.

스폰서 검색입찰가(SS 입찰가) | 스폰서 검색 클릭에 대한 최대입찰가.

예상클릭점유율 | 광고그룹 내의 모든 키워드가 받을 것으로 예상되는 잠재적인 클릭 횟수. 점유율은 현재 입찰가 및 지난 데이터를 근거로 예측됨.

이벤트 태그 | 방문자 분석이 필요한 페이지소스에 삽입되는 코드.

일일지출한도 | 계정에서 사용하고자 하는 일일 지출 한도액을 의미. 단, 설정된 한도액보다 10% 정도 더 과금될 수도 있음.

입찰가에 따른 예상클릭 | 광고그룹에서 광고그룹입찰가를 이용할

때 예상되는 클릭 수. 이 수치는 지난 데이터에 근거에서 계산되며, 정확하지는 않음.

최저순위 | 광고를 노출하고자 하는 최저순위.

인터넷 검색광고 용어 – 구글

구글 어워즈(Google AdWords) | 구글 어워즈는 세계 최대의 검색 엔진 서비스인 구글의 키워드광고 서비스를 말함.

광고 게재위치 | 광고 게재위치는 콘텐츠 네트워크의 사이트에 있는 가용 목록의 하위집합을 말함. 사이트 타깃팅을 사용하는 광고주는 자신의 광고가 광고 게재위치에 표시되도록 입찰할 수 있음.

광고 게재율(%) | 동일한 광고그룹에 속한 운영중인 다른 모든 광고와 비교했을 때 해당 광고가 얼마나 자주 게재되었는지를 나타냄.

광고 초과 게재에 대한 크레딧 | Google에서 광고를 초과 게재하여 결제기간에 허용되는 예산 이상으로 클릭이 발생한 경우 계정에 광고 초과 게재에 대한 크레딧을 제공해 줌. Google은 이러한 추가 클릭에 대해 청구하지 않으며 자동으로 광고주의 인보이스에 크레딧을 발행해 줌. 리포트에 추가 클릭 수가 표시되므로 총 클릭 수의 정확한 기록을 알 수 있음.

광고순위/게재순위 | 키워드 타깃팅 광고의 게재순위는 광고순위에 따라 달라지며, 광고순위는 키워드 또는 광고그룹의 클릭당 비용 CPC 입찰가와 검색된 키워드의 품질평가점수를 곱하여 산정함.

Google 검색결과의 최상위 위치에 게재되려면 광고의 품질이 특정 수준 이상이어야 함. 이와 같은 시스템을 통해 최상위 위치에 가장 품질이 높은 광고가 게재될 수 있음.

비용/전환수 ㅣ 총 비용을 총 전환수로 나눈 값. 이 통계는 전환 당 소요된 금액을 제공함. 전환은 Google과 일부 Google 네트워크 파트너에서만 계산되며, 비용/전환수는 Google이 전환을 추적할 수 있는 광고 클릭의 비용만을 반영하도록 조정됨.

전환 유형 ㅣ 생성된 코드에 기록된 유형구매/판매, 가입, 페이지뷰 또는 리드lead 임. 전환 통계를 더욱 구체적으로 생성할 수 있음.

전환 추적 ㅣ 온라인광고에서는 광고 클릭이 직접 구매, 가입, 페이지 보기 또는 리드Leads와 같은 귀중한 유저 행동으로 이어질 때 전환이 발생함. Google은 이러한 전환을 측정하고 궁극적으로 광고주가 AdWords 광고와 키워드의 효과를 파악할 수 있도록 도와주는 도구를 개발하였음.

최대 노출당 비용(Max CPC) 입찰가 ㅣ 최대 노출당 비용Max CPM 입찰가는 사이트 타깃 광고에 발생하는 노출수가 1,000회에 도달할 때마다 지불할 최대 금액.

키워드 검색 유형 ㅣ 검색 키워드는 확장검색, 구문검색, 완전검색 또는 제외어검색으로 지정할 수 있음. 이러한 옵션을 사용하면 광고 타깃팅을 손쉽게 구체화하여 관련성 없는 클릭 수가 적게 발생하므로 투자수익ROI을 높일 수 있음.

Google 계정 ㅣ Google 계정은 마스터 Google 로그인 역할을 하며, 한 개의 이메일 주소와 비밀번호로 구성. Google 계정을 만

들면 Google 그룹스, Gmail, Froogle과 같이 Google 계정을 지원하는 Google 서비스에 모두 로그인할 수 있음.

Google 추적 URL | 광고주 광고 통계에 대한 정보를 제공하기 위해 교차 채널 설정 마법사에서 Google이 생성해 주는 URL을 말함.

Google AdSense | 방문자가 웹사이트 페이지에서 보는 내용과 관련이 깊은 텍스트 기반 Google AdWords 광고를 게시하며, Google에서 웹게시자에게 그에 대한 대가를 지불함. Google AdSense는 사이트의 품질을 유지함과 동시에 광고게재를 통해 더 많은 수익을 얻고자 하는 웹게시자를 위한 프로그램임.

Google AdWords | 클릭당 비용CPC 가격 정책에 기반한 Google 의 광고 프로그램.

인터넷 검색광고 용어 – 클릭초이스

클릭초이스 | 네이버에서 제공하는 CPC 방식의 키워드광고 상품으로 통합검색 결과 페이지 파워링크, 비즈사이트, 지식iN 페이지 스폰서 링크 영역에 노출됨.

광고운영점수 | 기존 클릭초이스의 광고효과 평가 지수로 CCI에 반영된 클릭율을 의미함. 새로워진 클릭초이스에서는 클릭율 외에도 다양한 평가 요소를 반영한 품질지수로 대체됨.

비즈머니 | 네이버 키워드광고 상품을 구매하기 위해 필요한 충전

금을 말함. 네이버 키워드광고 상품은 비즈머니를 사용하여야만 구매가 가능하며, 비즈머니는 현금 또는 카드로 충전하여 사용할 수 있음.

비즈쿠폰 | 네이버 키워드광고 상품 구매시 사용 가능한 쿠폰으로 통합 비즈쿠폰, CPM 비즈쿠폰, CPC 비즈쿠폰의 세 종류가 있으며, 각각의 쿠폰은 별도의 유효기간을 가지고 사용 후 복원 및 현금으로의 환불이 불가능함.

순위지수 | 최대클릭비용과 품질지수의 곱으로 산정되는 값으로, 순위지수가 높은 순서대로 광고의 노출 순위가 결정됨. 순위지수의 조정을 통해 원하는 순위에 광고를 노출할 수 있음.

CCI | 기존 클릭초이스 상품에서 최대클릭비용과 광고운영점수를 곱한 값으로 해당 키워드에 노출될 광고의 순위를 결정하는 기준으로 사용되었으나 현재 순위지수로 대체되어 사용됨.

인터넷 검색광고 용어 – 리얼클릭

순방문자(Unique Visitors: UV) | 측정기간 중 1회 이상 해당사이트에 방문한 중복되지 않은 방문자. 즉, 특정한 인터넷 사용자가 지난 달에 특정사이트에 1회 방문하거나 100회를 방문해도 유니크unique하게 방문한 사람으로 카운트함.

체류 시간(Total Time Spent: TTS) | 측정기간 중 해당사이트 방문자들이 머문 총 체류 시간의 합계.

평균 체류 시간(Average Duration: Avg. DT) | 측정기간 중 순방문자가 해당사이트에서 체류한 평균시간.

총 페이지뷰(Page View: PV) | 측정기간 중 해당사이트에서 열람된 총 페이지 수.

평균 재방문일 수(Average Frequency: Avg. FQ) | 측정기간 중 순방문자가 해당사이트를 재방문한 평균일 수.

방문횟수(Visit) | 해당 도메인_{또는 서브도메인/섹션}의 방문자가 방문한 총 횟수를 의미하며, 30분 이내 재방문 시는 1회의 Visit로 정의.

네이버, 구글에도 없는 인터넷광고마케팅을 컨설팅하라

부록2

매출을 100배 상승시켜주는 킬러콘텐츠 사이트

www.nida.or.kr 한국인터넷진흥원 ㅣ 도메인등록, 인터넷이용자 통계, 인터넷이용환경 및 인터넷산업지원.

isis.nida.or.kr ISIS 인터넷통계정보검색시스템 ㅣ 인터넷통계정보시스템, 인터넷자원 및 이용통계, 구성도, 통계보고서 수록.

www.imck.or.kr 한국인터넷마케팅협회 ㅣ 인터넷 마케팅, 광고 정책, 기술연구, 채용정보.

www.apira.org APIRA ㅣ 아시아 태평양 인터넷 통계 협의회, 통계 정보 교류 및 비교.

www.kosis.kr 국가통계포털 ㅣ 국가기관 통합 데이터베이스, 인구, 물가, 산업 등 통계.

www.kiso.or.kr **한국인터넷자율정책기구** | 인터넷 이용 가이드라인, 저작권침해, 불건전 게시물 신고.

www.kobaco.co.kr **코바코; 한국방송광고공사** | 방송광고, 공익광고, 연구소, 광고도서관, 광고박물관.

www.adic.co.kr **광고정보센터** | 광고계동향, 광고 및 마케팅자료, 광고문헌, 강좌안내, 채용정보.

http://saedu.naver.com/index.nhn **네이버 키워드광고 교육센터** | 네이버의 키워드광고 자료, 오프라인 교육 자료를 확인가능.

http://blog.naver.com/luckeyword **네이버 키워드광고 공식 블로그** | 네이버 키워드광고 관련 자료 수집.

http://blog.daum.net/daumad/340 **다음 검색광고 공식블로그**

http://adwords-ko.blogspot.com/ **구글 애드워즈 공식 블로그** | 구글 검색광고 사용법, 관련 자료.

https://sites.google.com/site/agencyko/ **구글 에이전시 사이트** | 카테고리 리더 스냅샷, 교육자료.

www.google.co.kr/intl/ko/adwords/learningcenter/ **구글 애드워즈 멀티미디어 학습센터** | 구글 키워드광고 애드워즈 도움말을 동영상으로 볼 수 있음.

http://training.myoverture.kr/ **오버추어 전문가교육과정** | 대행사, 오버추어 직원 대상이며, 자격증 과정.

www.rankey.com **랭키닷컴** | 툴바를 이용하면 순위, 전체순위, 로딩시간 확인가능.

www.searchian.com **서치안** | 경쟁사의 키워드, 광고문구, 사이

네이버, 구글에도 없는 인터넷광고마케팅을 컨설팅하라

트 광고현황 정보제공.

www.keybot.co.kr/sem/download.asp 키워드트렌드 | 유엑스
코리아회사에서 검색 트렌드 비교 무료 프로그램.

www.koreanclick.com 코리안클릭 | 인터넷 리서치, 인터넷 사용
자 프로파일 정보.

www.autokeyword.com 오토키워드 | 키워드 수집 프로그램, 수
집방법, 및 프로그램 다운로드 제공.

www.researchad.com 리서치애드 | 인터넷광고, 월마다 노출형
광고(배너) 매월 결산보고.

www.bj.or.kr 명예훼손 분쟁조정부 | 사이버상담, 피해예방지침,
네티켓, 법률자료 수록.

www.netan.go.kr 경찰청 사이버테러 대응 센터 | 해킹, 명예훼손,
사이버 범죄 신고하기, 범죄 예방방법.

www.copyright.or.kr 저작권위원회 | 저작권상담, 등록, 분쟁조
정, 용어, 법령 및 조약 제공.

http://inoti.naver.com/inoti/main.nhn | 네이버 게시중단 요청
서비스.

외부 인터넷 마케팅 교육 과정

www.bizdeli.com 비즈델리 | 비즈니스 교육 전문, 마케팅, PR,
웹기획 등 온라인 마케팅 강사 강의.

www.booksmba.com 북스MBA ㅣ 교육 컨설팅 전문업체, 기업, 도서읽기, 온라인 교육, 고용보험환급제도.

www.edupro.co.kr 에듀프로 ㅣ 비즈니스 독서아카데미, 기업연수 교육업체.

www.hunet.co.kr 휴넷 ㅣ 직장인 경영교육 전문, 리더십, MBA 온라인, 자기계발, 고용보험 환급, 강사 강의.

www.multicampus.co.kr 삼성SDS 멀티캠퍼스 ㅣ 삼성SDS 정보기술 교육센터, 정보기술 교육과정, 강사 강의.

www.ksignnews.com 한국광고신문 ㅣ 옥외광고 소식, LED, 디지털프린팅, 사인.

kadpr.or.kr 한국광고홍보학회 ㅣ 학회, 학술세미나 개최, 출판물간행, 논문검색, 학술자료.

www.akoaa.or.kr 한국옥외광고대행사협회 ㅣ 광고수탁 대행사업, 관련법규 및 법령, 학술자료, 업무서식 및 양식.

http://dart.fss.or.kr/ 금융감독원 전자공시시스템 ㅣ 전자공시제도 소개, 공시대상 검색, 회사 연결감사보고서, 감사보고서 확인 가능.

www.iconfinder.net 아이콘파인더 ㅣ 무료 아이콘 11만 개 이상을 받을 수 있다.

bloggertip.com ㅣ 블로그의 모든 것.

www.tvcf.co.kr ㅣ TVCF 모음 사이트.

www.overture.co.kr ㅣ 오버추어 코리아 본사.

http://help.overture.com/l/kr/overture/ov/sps/index.html ㅣ 오버추어 광고주 교육센터

www.designhome.co.kr | 저렴한 홈페이지 제작부터 오버추어 광고까지 컨설팅이 가능하다.

http://www.shopinside.net/ 쇼핑몰 교육 샵인사이드

agency-adwordsko@google.com | 이 메일로 구글 애드워즈 뉴스 레터 받을 수 있음.

http://www.google.co.kr/intl/ko/landing/100things/ | 구글 검색으로 할 수 있는 100가지(동영상으로 확인하여 이해하기 쉽다).

https://adwords.google.com/select/afc.html 콘텐츠 네트워크

https://adwords.google.com/select/afc/site.html 사이트 타깃팅

https://adwords.google.co.kr/select/KeywordToolExternal 구글 키워드 수집 프로그램

http://keywordpack.myoverture.co.kr/ | 오버추어 키워드팩, 업종별, 시즌별키워드 제공.

http://searchad.naver.com/CMKS01/CMKS0102_A01/ | 네이버 키워드 스테이션(必로그인).

http://mania.jungle.co.kr/ucc/bestsite/list.asp | 최고의 사이트를 소개하는 곳이다. 기준은 업체간 차이가 있다. 참고만 하라.

http://www.x2soft.co.kr/296 | 2009년 쇼핑몰 메인 디자인 트렌드 51선 (참고사항).

www.acecounter.com 에이스카운터 | 실시간 웹로그분석 전문업체, 광고효과 로그분석, 방문객 접속통계, 상품 및 매출분석 안내.

www.logger.co.kr 로거 | 실시간 웹로그분석, 광고효과 ROI분석, 방문자 접속통계 등 VRM 로그분석 ASP 제공.

www.weblog.co.kr/ 웹로그 | 웹서버 로그 통계분석업체, E-CRM 분석, 쇼핑몰 경로, 이메일 분석, ASP 등 서비스.

www.cpcguard.com/ 시피시가드 | 실시간 사용자 맞춤형 웹로그 분석 전문업체, CPC광고 분석, 접속통계, 부정클릭 알림 안내.

http://inside.daum.net/ 다음 웹인사이드 | 다음에서 제공하는 무료 웹로그분석 서비스.

www.adram.co.kr 애드램 | 인터넷광고 통계관리 노하우, 전문가 자료수집, 배너광고 분류 및 진행 매체 분석.

'Daum 디렉토리'(http://directory.search.daum.net/) 랭킹 서비스 | '다음 디렉토리'는 인터넷사이트들을 정보속성에 따라 카테고리별로 분류하여 제공한다. 사이트의 순위 정보, 사용자 정보 등의 구체적인 지표정보를 매주 업데이트하여 랭킹서비스를 제공.

www.koreanclick.com 코리안클릭 | 인터넷 리서치, 인터넷 사용자 프로파일 정보.

www.uxkorea.com 유엑스코리아 | 키워드 단가와 트렌드(네이버, 오버추어, 다음) 데이터분석 프로그램 개발 전문 기업.

conf2009.nasmedia.co.kr 나스미디어 컨퍼런스 | 배너광고 회사인 나스미디어는 온라인광고를 연구하고, 컨퍼런스를 열었다.

http://tr.myoverture.kr/user/login.php?url=/index.php&querystr= 오버추어 대행사 센터 | 오버추어 진행업체의 카테고리별, 상위 5개 계정별 평균 예산, CPC, CTR 등을 알 수 있다.

http://www.webaward.co.kr/kipfaedu/index.asp 웹어워드 인터넷 전문가 교육 | 웹사이트 평가 시상행사, 인터넷 전문가 교육,

네이버, 구글에도 없는 인터넷광고마케팅을 컨설팅하라

소셜미디어, 모바일웹 등 교육.

www.seoworkshop.co.kr/index.php 검색엔진최적화 마케팅 워크샵

https://submit.naver.com ㅣ 네이버 사이트 검색등록, 지도 검색 등록을 무료로 한 번에 할 수 있음.

www.creativewebsiteawards.com ㅣ WA 보너스 탑 플래시 웹사이트와 세계 최고의 웹사이트.

www.webbyawards.com ㅣ Webby Award 공식 사이트. Internet Web의 아카데미 상이라고 불리는 Webby Award. International Academy of Digital Art and Science에서 각 분야의 550명의 웹 전문가, 비즈니스 리더, 유명 인사들이 세계 60개국에서 출품된 10,000의 웹사이트의 신청을 심사하여 결정한다.

www.webaward.co.kr 웹어워드 코리아 ㅣ 한 해 동안 구축된 웹사이트들을 대상으로 디자인, UI, 기술, 콘텐츠, 브랜드, 프로모션, 마케팅, 서비스 등 총 8개 부문에 걸친 40개 평가지표에 대한 우수한 웹사이트를 평가하는 시상식이다.

www.canneslions.com 칸 국제 광고제

www.clioawards.com 클리오광고제

www.newyorkfestivals.com 뉴욕페스티벌

www.busanadstars.org 부산국제광고제 ㅣ 온라인과 오프라인에서 함께 열리는 세계 최초의 Convergence 광고제.

www.psafestival.or.kr 대한민국 공익광고제 ㅣ 한국방송광고공사 KOBACO 주최 및 주관.

부록3

끌리면 더 학습하라

참고문헌

AD 2.0 인터넷광고의 새로운 패러다임, 한경사, 이시훈, 2008

ROI를 높이는 실용 웹 분석, 에이콘, 제이슨버시, 셰인 애치슨, 2008

Search Engine Advertising, New Riders, Seda, Catherine, 2004

Web 2.0 MARKETING BOOK, 길벗, 다나카 아유미, 2007

검색 마케팅 이야기 1평당 26조 원의 가치, 길벗, 김찬웅, 황상윤, 2007

검색어 1위 UCC 이렇게 만든다, 커뮤니케이션북스, 함성원, 2008

검색엔진을 위한 광고 전략, 커뮤니케이션북스, 캐서린 세다, 2005

검색으로 세상을 바꾼 구글 스토리, 랜덤하우스코리아, 존 바텔, 2005

게릴라 마케팅, 비즈니스북스, 제이 콘래드 레빈슨, 2009

고객을 끌어오는 검색엔진최적화(Search engine vicibility), 에이콘, 쉐리 써로우, 2008

공짜 광고로 성공하는 인터넷 쇼핑몰 실전 마케팅 무작정 따라하기, 길벗, 최재봉, 2009

구글 성공 신화의 비밀, 황금부엉이, 데이비스 바이스, 2006

구글 성공의 7가지 법칙, 이코노믹북스, 뤄야오종, 2007

구글 애드센스 완전정복, e비즈북스, 우성섭, 2007

구글을 지탱하는 기술(검색엔진 마스터 2), 멘토르, 니시다 케이스케, 2008

구글VS네이버: 검색대전쟁, 전자신문사, 강병준, 2008

나는 광고로 세상을 움직였다, 다산북스, 데이비드 오길비, 2008

난 인터넷에 공짜로 광고한다, 예신, 백광우, 조옥현, 2005

네이버 공화국, 커뮤니케이션북스, 김태규, 손재권, 2007

네이버 성공신화의 비밀, 황금부엉이, 임원기, 2007

네이버 트렌드 연감 2008, 검색어로 읽어보는 대한민국 트렌드, NHN㈜

누다심의 심리학 블로그, 살림, 강현식, 2007

대한민국 1% 인터넷 쇼핑몰 스타일 분석, 큰그림, 카페24마팅센터, 2009

대한민국을 움직이는 검색 엔진 마케팅, ㈜나무커뮤니케이션 전략기획, 알렉스 마이클, 벤 샐터, 2006

돈버는 블로그, 혜지원, 이영호, 2009

보랏빛 소가 온다, 재인, 세스 고딘, 2004

부와 성공의 비밀 구글에서 훔쳐라, 머니플러스, 장유엔챵, 2007

블로그 히어로즈(파워 블로거 30인이 말하는 블로그 마케팅 성공 전략), 에이콘출판, 마이클A, 뱅크스, 2008

실전 웹사이트 분석 A TO Z : 성공적인 온라인 마케팅을 위한 웹데이터 분석과 활용, 에이콘, 아비나쉬 카우쉭, 2008

인터넷 게릴라 마케팅, e비즈북스, 김연호, 2009

인터넷 쇼핑몰 리얼 스토리, 비비킴, 김수연, 2009

인터넷 쇼핑몰 설득의 심리학, e비즈북스, 정윤재, 2009

인터넷광고 기획 실무 스타일 가이드, 비비컴, 이시환, 2008

인터넷광고 마케팅, 두남, 안종배, 2003

제대로 알고 하는 검색광고, 커뮤니케이션북스, 캐서린 세다, 2006

제일기획 출신 교수들이 쓴 광고 홍보 실무 특강, 커뮤니케이션북스, 조용석, 2007

제품 촬영 쇼핑몰에서 광고 사진까지, 포토넷, 심현준, 조윤철, 2007

진짜로 나도 쇼핑몰 창업 할 수 있을까(무작정 따라하기), 길벗, 조은주, 2009

키워드광고 이기는 전략, e비즈북스, 서보성, 2008

트위터 140자로 소통하는 신 인터넷 혁명, 예문, 조엘 컴, 켄 버지, 2009

한국형 블로그 마케팅, 매일경제신문사, 세이하쿠, 2007